教育博士文库

JIAOYU BOSHI WENKU

Maixiang Yiyi de Shijie

迈向意义的世界

——生存论哲学视野下的课程诠释

苏　鸿/著

教育科学出版社

·北　京·

出 版 人　李　东
责任编辑　张　璞
版式设计　孙欢欢
责任校对　贾静芳
责任印制　叶小峰

图书在版编目（CIP）数据

迈向意义的世界：生存论哲学视野下的课程诠释／苏鸿著. —北京：教育科学出版社，2017. 11
（教育博士文库）
ISBN 978-7-5191-1146-5

Ⅰ. ①迈…　Ⅱ. ①苏…　Ⅲ. ①课程—研究　Ⅳ. ①G423. 04

中国版本图书馆 CIP 数据核字（2017）第 170148 号

教育博士文库
迈向意义的世界——生存论哲学视野下的课程诠释
MAIXIANG YIYI DE SHIJIE——SHENGCUNLUN ZHEXUE SHIYE XIA DE KECHENG QUANSHI

出版发行	教育科学出版社		
社　　址	北京·朝阳区安慧北里安园甲 9 号	**市场部电话**	010-64989009
邮　　编	100101	**编辑部电话**	010-64981232
传　　真	010-64891796	**网　　址**	http://www.esph.com.cn
经　　销	各地新华书店		
制　　作	北京金奥都图文制作中心		
印　　刷	北京玺诚印务有限公司		
开　　本	169 毫米×239 毫米　16 开	**版　　次**	2017 年 11 月第 1 版
印　　张	13. 75	**印　　次**	2017 年 11 月第 1 次印刷
字　　数	169 千	**定　　价**	35. 00 元

作者简介

苏鸿，男，湖北宜昌人，毕业于华东师范大学，教育学博士，副教授。现任职于广东第二师范学院教育学院，主要研究领域包括课程与教学理论、学校教育研究、教师专业发展等。主编和参编学术性著作6部，代表性专著包括《教师的教育研究》（天津教育出版社，2012）、《高效课堂》（华东师范大学出版社，2013）、《教师领导与学校改进》（湖北科学技术出版社，2015）等。在《课程·教材·教法》《教育发展研究》《江苏高教》《教育理论与实践》等学术期刊发表学术论文20余篇，其中多篇论文被人大复印资料全文转载。近年来，主持了全国教育科学规划教育部重点课题、广东省哲学社会科学规划课题、广东省高校人文社会科学研究课题（2项）、广州市哲学社会科学规划课题等共计5项。

《教育博士文库》学术委员会

摘　要

教育危机的深刻社会根源是技术社会所造成的人之异化的危机。在技术宰制下，人之生存蜕变为技术性生存，“技术人”最根本的生存困境是生存意义的迷失与精神家园的失落。面对现代人的生存危机，西方哲学正在发生深刻的转向，即从传统的知识论转向生存论，从“我们如何认识”的追问转向“我们如何生存”的反思。生存论哲学的兴起为我们突破“技术人”的人学假设，重建课程领域人的崭新形象，指明了新的方向。

在生存论哲学看来，人之生存是一种意义性生存，课程作为育人的指南，同样也蕴含着人之诗意栖居的意义世界。生存论哲学要求将意义世界作为重要的课程研究主题，并在对课程意义世界的追寻中引导学生获得生命意义的领会与生命境界的提升。为此，生存论哲学主张从三个方面切近人之生存的意义世界，包括伦理境域的重建、非对象性的运思和生活世界的回归。与此同时，由于生存论哲学主要是西方的理论资源，在分析与诠释中国课程问题时还必须基于中国语境和教育学立场进行批判性的思考。

在生存论哲学的视野之下，课程的愿景、目标、内容乃至课程设计与课程探究都将获得全新的阐释。第一，生存论哲学要求我们超越课程工学模式的机械隐喻，重建新的课程愿景，包括课程即生成、课程即对话、课程即家园。第二，生存论哲学认为，课程目标应该破除“技术人”

的理论前设，也就是超越对人的客体化、对象化理解，拆卸“人”身上的种种刚性外壳，达至对人的本真性、完整性与精神性的追求，并以精神生活的幸福作为根本的课程宗旨。生存论哲学所理解的幸福不同于快乐。从教育学的立场来说，幸福概念蕴含着幸福能力的培养、幸福境界的提升和幸福生活的筹划。第三，生存论哲学要求我们超越对课程知识的工具性理解，将知识看作负载着丰富人文精神的主体性存在，通过揭示知识背后的智慧、伦理、文化、审美等诸多意蕴，来切近知识所蕴含的意义世界。第四，生存论哲学视野下的教材设计主张将教材视作“作品”而非“物品”，认为教材设计应该更强调知识选择的人文性、知识学习的对话性、知识组织的统整性与知识呈现的生命性。第五，基于生存论哲学的课程探究要求我们将焦点从知识问题转向存在问题，并倡导用现象学的方法来接近人之存在的意义世界。现象学视野中的课程探究具有与课程工学完全不同的理论旨趣与研究路向，具体体现在现象学对“具体的人”的关注以及它所践行的“面向事实本身”的主张。

关键词：知识论；生存论；课程；意义世界

ABSTRACT

The profound social root of education crisis lies in the crisis of human dissimilation caused by technological society. Under the control of technology, the existence of human becomes one of regarding man as instrument. And the fundamental plight of human as instrument is the loss of the meaning of existence and a spiritual homestead. Facing the existential crisis of modern human, western philosophy is undergoing profound transformation, that is, from traditional epistemology to existence philosophy, and from "how to understand?" to "how to exist?". The rising of existence philosophy opened up a new direction for us in breaking through the hypothesis of "human as instrument" and in reconstructing a new image of human in the field of curriculum.

From the viewpoint of existence philosophy, the existence of human is one of meaning. As a guide for cultivating people, the curriculum subsumes a meaning world where human beings exist with a sense of beauty. Existence philosophy requires taking the meaning world as a vital theme for curriculum research, and in the revealment of meaning world, guiding students to the understanding of the meaning of life and to the upgrade of state of life. Therefore, existence philosophy maintains approaching the meaning world from three aspects, namely, the reconstruction of ethical realm, phenomenological thinking and the reversion to living world. Meanwhile, because existence philosophy is mainly the western theoretical resource, it is necessary to carry through a critical thinking based on Chinese context and pedagogy in the analysis and interpretation of the issues of Chinese curriculum.

From the viewpoint of existence philosophy, the vision, goal, content of the curriculum and curriculum design and research will all gain a brand new interpretation. First of all, existence philosophy requires that we surpass the mechanical metaphor of the technological curricular model and reconstruct new vision of curriculum, that's, curriculum is creation, dialog and homestead. Secondly, according to existence philosophy, curriculum goal should break the theoretical hypothesis of "human as instrument", and achieve the goal of understanding human from its nature, integrity and spirit, and regarding the spiritual happiness as the fundamental curriculum principle. Happiness from the viewpoint of existence philosophy is different from joy. According to pedagogy, the concept of happiness includes the cultivation of the ability to achieve happiness, the upgrade of the realm of happiness, and the plan for a happy life. Thirdly, existence philosophy requires that we regard knowledge as subjective existence loaded with rich humanism instead of regarding knowledge as instrument, and approach the meaning world by revealing the wisdom, ethic, culture and beauty of knowledge. Fourthly, existence philosophy regards teaching material as "art" instead of "goods". Teaching material design should lay more stress on the humanism of knowledge selection, the dialogism of knowledge learning, the integrity of knowledge structure and the vitality of knowledge. Fifthly, existence philosophy advocates approaching the meaning world of human through phenomenology. The curriculum research from the viewpoint of phenomenology is different in theoretical goal and direction from the one under the technological viewpoint. The difference is embodied in that phenomenology is concerned with the "specific human" and it carries out the principle of "facing reality itself".

Key Words: epistemology; existence philosophy; curriculum; meaning world

目　录

第一章 问题的提出：技术时代的生存忧思

第一节 人的问题：一个时代的主题

人的问题是当代社会改革与教育改革的焦点。在迈向民主化的今天，人的问题已经成为哲学、社会学、心理学、文学、艺术等共同研究的主题。特别是在科层化、理性化、工业化的社会背景下，人面临着日益严峻的异化的困境，人的问题更是成为世人关注的焦点。联合国教科文组织（UNESCO）的报告《学会生存——教育世界的今天和明天》指出，在“大多数现代社会中”，人“在各方面都遇到分裂、紧张和不协调状态”，教育必须“为一个新世界培养新人”。（联合国教科文组织，1996a）[193]另一份报告《教育——财富蕴藏其中》则指出，必须改变传统的以经济增长为中心的发展模式，代之以人的发展为中心的新发展观。21世纪教育委员会认为不应再像过去那样，只是从教育对经济发展产生影响的角度，而应以一种更加开阔的眼光，即以促进人的发展的眼光来确定教育的定义（联合国教科文组织，1996b）[55]，因此，必须摆脱“任何极为实用的教育观念”，因为“教育不仅仅是为了给经济界提供人才：它不是把人作为经济工具而是作为发展的目的加以对待的”（联合国教科文组织，1996b）[70]。

人的问题也是学术研究与社会改革的重要理论支点。经济学、社会学、管理学等诸多学科都以对人性问题的某一假定作为理论建设的重要基石，而且某种人性假设的变动必然带动整个理论体系的重建。例如，在管理学中，管理理论的变革总是与人性假设的变革相伴随，从历史上看，其人性假设经历了政治人（亚里士多德）、经济人（亚当·斯密）、社会人（泰罗）、复杂的社会人（麦格雷戈、洛希）以及文化人等诸多主张，而管理理论也随之发生许多重大的变化。(罗珉，2003)[111]

在课程领域，人的问题同样也是课程设计的一项重要的理论前设，历史上的种种课程实践都与人们对人的认识密切相关。正如里博尔(O. Reboul)所说："倘若要问某人'什么是教育？'也就等于问他'什么是人？'"(米亚拉雷 等，1991)[30-31]，人在教育中无疑处于最基础、最根本、最核心的地位。例如，在欧洲中世纪，教育由教会控制，根据《圣经》的说法，儿童是带着"原罪"来到人间的，儿童的成长过程就是赎罪，以便为来世不朽的天堂生活做好准备。因此，中世纪的学校课程试图培植人的神性，使儿童成为"宗教人"。到了文艺复兴时期，人文主义者主张用自然造人的观点来代替上帝造人的谎言，认为人的潜能是无限的，人的一切追求和欲望都是天然合理的。教育就是要培养率性发展的"自然人"。在这一课程人性观的指导下，人文主义者建立了内容广泛的课程体系。工业革命之后，理性越来越受到世人的重视，理性主义者如笛卡尔(Rene Descartes)、莱布尼兹(Gottfried Wilhelm Leibniz)、康德(Immanuel Kant)等人更是将理性抬高到人的本质的地位。在教育领域，课程设计也着力于培养"理性人"形象，由此形成影响深远的知识中心、学问中心课程范型。可以认为，课程改革的过程同时也是对人的形象进行反思与重建的过程。

然而令人扼腕的是，传统的课程研究与课程设计对课程背后的人性假设缺乏深刻的反省，人的问题在课程研究与课程实践中往往被抽象化。例如，在传统课程中，不难发现一些片面的、保守的人性假设。学习者被抽象地界定为"政治人"(课程意识形态色彩浓厚)、"小大人"(课程语言与价值取向成人化)、"机器人"(课程可以任意拆卸，以迎合应试教育的功利需要)、“理性人”（课程内容深、难、重）等。与教育研究中人的缺失相应，教育实践则更是常常被斥责为“目中无人的教育”。

总之，传统课程研究的最大弊端在于忽视了对人之存在境遇的深刻思考，缺失了课程探究最重要的人学之维。正如石中英教授所言，人的知识是教育中“最重要的知识也是最贫乏的知识”，人与教育的关系是教育中“最根本的关系也是最薄弱的关系”。“迄今为止，教育学在教育制度、课程、教材、考试等方面积累了许多知识，但由于严重缺乏人的知识和对教育与人的关系的深入思考，上述种种知识都成为‘没有根的知识’。”（石中英，2002）[83]

第二节　意义的迷失：“技术人”及其生存困境

关注人就是关注人的生存境域，凡是剥离人的生存境域而做的种种哲学玄思都是对人本身的抽象，都远离了人的具体性、生动性。正如马克思（Karl Marx）所说：“个人怎样表现自己的生活，他们自己就是怎样。因此，他们是什么样的，这同他们的生产是一致——既和他们生产什么一致，又和他们怎样生产一致。”（马克思　等，1995）[67-68]可以说，马克思的“实践”、海德格尔（Martin Heidegger）的“存在”、杜威（John Dewey）的“经验”都是对抽象的人性玄思的自觉扬弃，并通过对人之生存问题的关注来解开人类自身的幽深奥秘。

从广泛的社会背景来说，我们所处的时代正是哲学家海德格尔所说的技术时代。海德格尔指出，现代社会是一个技术社会，技术作为“座架”影响着社会生活的方方面面。技术的无孔不入使现代人的生存方式彻底蜕变为技术性生存。海德格尔对现代社会技术的全面宰制进行了极深刻的透析，他把技术看作社会生活的基础性“座架”，而技术“座架”的根本特点就是对人之生存的种种“促逼”。他说：“作为如此这般受促逼的东西，人处于座架的本质领域之中，人根本上并不能事后才接受一种与座架的关系。”（海德格尔，1996b）[942]在技术座架的先行控制下，人是作为“人才”被限定、被塑造的：人被限定为“人力资源”，被塑造为“人才库”或有灵魂的“生产力”，并以“就业”和“失业”的方式进出于“人才交流市场”。

技术人以及技术性生存强化了社会的“效率”与“控制”，但是，技术世界同时却也是一个价值虚无、家园失落、人际疏远的“祛魅”的世界。可以说，“技术人”最根本的生存困境就是迷失了生存的意义，丧失了精神的家园，处于无家可归的状态之中。

一、存在的遗忘

在祛魅的技术世界中，人时刻都面临着被标准化、物质化、功能化、单向化的危险，技术的宰制使人沉沦在种种形式的社会角色（海德格尔称之为“存在者”）之中而恰恰遗忘了人自身之本真的“存在”，可以说这是技术时代价值虚无的最根本的症结。诗人艾略特（Thomas Stearns Eliot）则用《空心人》（*The Hollow Men*）表达了人之存在遗忘与价值虚无的生存困境。

我们是空心人
我们是填充着草的人
倚靠在一起
脑壳中装满了稻草。唉！
我们干巴的嗓音，当
我们在一块儿飒飒低语
寂静，又毫无意义
好似干草地上的风
或我们干燥的地窖中
耗子踩在碎玻璃上的步履

呈形却没有形式，呈影却没有颜色，
麻痹的力量，打着手势却毫无动作；

那些穿越而过
目光笔直的人，抵达了死亡的另一王国
记住我们——万一可能——不是那迷途的
暴虐的灵魂，而仅仅是
空心人
填充着草的人。

存在的遗忘首先表现在人的物质化。物质化指的是在技术宰制下，一切东西都变成了物质，变成了材料，失去了其自身自在自持的“质”。诚如海德格尔所言，技术宰制使人物质化、齐一化、功能化，变成被算计和测量、贯彻和统治、生产和加工、消耗和替代的对象（绍伊博尔德，1993）[25-54]。由于技术生产，“人本身及其事物都面临着一种日益增长的危险，就是要变成单纯的材料以及变成对象化的功能”（海德格尔，2004a）[307]。换言之，在技术宰制的背景下，人被物化为客体、商品、对象。例如，作为生物学意义上的客体，其基因可以改良，器官可以移植；作为心理学意义上的客体，人的行为习性可以根据社会需要任意塑造等。世界本该显现的丰富性在技术的压榨之下，只能走向贫乏枯萎。而人与世界的丰富的、多元的联系也蜕变为单一的、机械的技术性维度。人之人性、物之物性，都在技术的计算行为中丧失殆尽（海德格尔，2004a）[306]。人的物质化必然导致用“物”的价值话语来思考人的价值问题。马克思对此进行了深刻分析，他区分了商品的使用价值和交换价值。人一旦被商品化，那么人的“使用价值”（例如人的本质力量的充分展现）就必须放在交换价值的视野中来衡量，也就是说，人的价值的大小只能体现在将自己的能力拿到市场上去出售的交换价值上，人由此被彻底地工具化。在课程中，学科门类的地位分等就是这种价值观的鲜明体现。马克思对这种将人物化、商品化的价值学说进行了深刻批判（卢炜，2004）。

其次是人的标准化。人的标准化彻底消灭了事物的差异性与独特性，并导致价值平面化、平整化。海德格尔（2004a）[309]指出，在人的本质中威胁着人的，是这样一种意见：技术的制造使世界井然有序。其实恰恰是这种井然有序把任何一种秩序、将任何一种等级都拉平为制造的千篇一律，从而自始就把一个等级和出于存在的承认而来的可能深渊的领域破坏掉了。社会学家鲍曼（Zygmant Bauman）则指出，技术社会人之标准化的思想根源是分类、类化，分类、类化是技术理性运作的核心，“分类学、类别系统、清点目录、分类目录和统计学是现代实践的至高无上的策略”（鲍曼，2003）[23]。分类、类化的结果是使人在分类的“格网”之中丧失其具体性。霍克海默（Max Horkhaimer）则分析了技术社会中的文化工业，“在文化工业中，个性就是一种幻象，这不仅是因为生产方式已经被标准化。个人只有与普遍性完全达成一致，他才能得到容忍，才是没有问题的”（霍克海默，2006）。而且由于人的标准化，“对明星的崇拜具有一种固有的社会机制，它可以把各行各业比较突出的人士夷平到同一水平。明星不过是一套完整的模式，都可以围绕着这个模式被裁剪出来，有了这个模式，便会有对法律和经济公正的修剪，这样，富有创造性的最后一根线头也就会被剪断了”（霍克海默，2006）[219]。人的标准化同时也意味着人的抽象化，所以巴雷特（William Barrett）也指出：“今天的人在完全超出过去的人的一种抽象水平上生活着，……这样轻而易举、驾轻就熟地在不寻常的抽象水平上生活的能力，乃是现代人力量的源泉。”（巴雷特，1995）[30]

最后是人的功能化。海德格尔认为，现代技术的本质是“限定”（或者说“促逼”）与“强求”。“限定”意味着“对一种限定的对象区域的筹划”，从而使科学变为“具体科学”，“专门化为特定的探究领域”（海德格尔，2004a）[85]。于是，我们看到各门学科在自己的“独立宣言”中首先要宣判其研究对象的独立性，而“完整的人”也就顺理成章地被心理学、社会学、人类学等诸多学科之“独立对象”所分裂。胡塞尔（Edmund Husserl）也表述了同样的思想，他说：“古代的科研工作者的专业化不会导致我们（今天）意义上的专门科学。伽利略的自然科学不是通过专业化而产生的。”（胡塞尔，2005）[81]由于“限定”，事物和人都被锁定在一个维度，而丧失了其“自在自持”的无限丰富性。海德格尔举例说，“耕作”在农业社会还意味着关心和照料，“农民的所作所为并不是促逼耕地。在播种时，他把种子交给生长之力，并且守护着种子的发育”。而现在，耕作被限定为食物工业，于是空气被限定为氮料，土地被限定为矿石，矿石被限定为铀之类的材料（海德格尔，2005）[13]。在学校中，我们也同样常常将教育的对象限定为“学生”乃至“差生或优生”等僵化的功能性角色，而忽视了对具体个人的呵护与关切。

二、世界的祛魅

世界原本是充满神性和魅力的世界。海德格尔用天、地、神、人的四重结构表达了对世界魅力的憧憬。举例来说，好比农作物的成熟，总是在阳光雨露、大地恩泽、人力栽培和自然神力的四方参与下合作完成的。萨特（Jean-Paul Sartre）则用文学作品的形式表达了对世界魅力的向往。在《真理的传说》一文中，萨特（1998）[1-2]写道：

> 我想象着农夫在欢迎流浪的神祇，他既不激动，也不怀疑地倾听着他们的奇迹，也不管他们那些虚无缥缈的话语中，哪些是真实的，哪些是骗人的；而在野外，绿色的麦穗则渐渐与黄色相混。他渐渐地习惯于谷物的缓慢生长，他的思想也慢慢变得柔和起来。他不要求他所看到的事物（局限在某种不变本性）范围之内，相反，他毫无保留地接受事物的突变，因为他相信他的神秘能力能够赋予事物以某种为我们的理性尚难以把握的多变统一体。……这些就是盘根错节、根深蒂固，但又难以用语言表达的力量，看来，这些力量只有他才配得上。

然而，技术宰制与工业化的推进，却使我们日益生活在一个丧失了魅力与神韵的机械化的世界之中。海德格尔用“世界黑暗的时代”、列斐伏尔（Henri Lefebvre）用“风格的凋零”、韦伯（Max Weber）用“世界的祛魅”表达了对技术世界的不满和抨击。正如韦政通（2005）[66]所说：“传统社会里环绕着人的关系，都是有生命有感情的，本来没有生命没有感情的大自然，也被赋予了生命和感情。因此，传统的一切规范都不能摆脱情的因素。”但是，技术社会却是一个彻头彻尾的机械化社会，“在机械化的世界观里，不仅人的精神活动和精神创造容易被忽视，就连原先‘文明’一词所包含的精神与道德品质结合的意义也渐次丧失”（韦政通，2005）[63]。德国高古时期的哲学诗人荷尔德林（Johann Christian Friedrich Holderlin）也指出：“在这个民族里，没有任何神圣的东西是不被亵渎的，不被贬为可怜的随随便便使用的东西的。”（刘小枫，1986）[96]

三、灵性的丧失

人类具有丰富的精神潜力，正是这些精神潜力的存在才确证了我们是有灵性的生物。人类借助灵性与世界进行着生动的、创造性的交往，并由此生发出无穷的意义世界。但是，海德格尔（1996a）[47]指出，技术理性将人类的精神曲解为智能，这种精神就是单纯的理智，它思考、计算和观察那事先给出的事物，它们可能出现的演变以及那随后出现的新事物。海德格尔把这种技术理性也叫作“计算性思维”或“表象式思维”。作为计算性思维，人类理智总是忙于算计、占有和攫取，“这种思维即使不用数来运行，不启用计数器和大型计算设备，也仍然是一种计算。计算性思维权衡利弊……计算性思维唆使人不停地投机”（海德格尔，1996b）[1233]。而作为表象性思维，理智却把世界简化为一个平面的、“在场”的图像，世界被图像化了。世界图像化的动因则在于，“计算的人能够对存在者感到真实，也即确定。当且仅当真理已然转变为表象的确定性之际，我们才达到了作为研究的科学”（海德格尔，2004a）[88]，也就是说，只有被图像化了的世界才能进入我们“科学研究”的视域。可以说，技术理性的独霸天下不仅遮蔽了世界的丰富意义，更使人类丰富的精神力量与灵性潜能受到极大的压抑。

荷尔德林（1999）[79]用诗的语言表达了对技术理性宰制下人类灵性丧失的不满。

> 从单纯的知解力决得不出明智，从单纯的理性决得不出智慧。
>
> 没有精神之美的理智，就像做帮手的徒工，他按照图样把粗笨的木头做成篱笆，为师傅想造的花园把削好的木桩钉在一块儿，知解力的全部举措是困顿之作。它制定规则，防止荒谬和不公正；但是保证不胡作非为，这并非万物之灵的最高阶段。
>
> 理性没有精神之美和心灵之美，就像监工，主人把他置于群奴之上；他和奴隶一样不知道，从所有无穷无尽的劳作中应做出个什么，只是吆喝：赶快，而几乎不情愿看见工作的进度，因为到终点他不再有什么可驱使，他的角色就演完了。

托夫勒（Alvin Toffler）则把技术理性下的世俗心态概括为工业心态。他批评说："工业心态轻视不能予以数量化的东西，它经常赞美严格的规律，而惩罚想象力，使人类沦为一个过于简单的原生质单位，希冀为任何问题找出一个机械化的答案。"（韦政通，2005）[68]正是在寻找机械化答案的过程中，人类的灵性潜能被泯灭了，人之生存才由此出现种种精神的危机。

第三节 "技术人"及其在课程中的反映

技术社会造就了形形色色的"技术人"。海德格尔指出，不管人作为个人是否知道，是否愿意，自身贯彻的人是技术人员。在传统的学校课程中，技术人的形象也有鲜明的体现。

一、课程探究

长期以来，课程探究深陷于技术学的范式之中，其典型代表是泰勒（Ralph W. Tyler）的目标模式。目标模式试图将工业领域科学管理的原理运用于学校教育，这就决定其底蕴是“效率”与“控制”，学生变成“原材料”，学校则是“加工厂”，课程变成标准件加工的“机器”。目标模式力图通过教育目标的行为化、课程编制的程序化等措施培养适应社会的标准化的“人才”。目标模式的这些理论前设决定了其课程话语主要是技术学话语，例如行为目标、课程编制、课程组织、课程结构等。

技术化是以价值中立为前提的，因此，我们在目标模式中看不出各种价值观念的冲突和各种利益团体的博弈。正如美国课程学者克利巴德（Kliebard）指出的，泰勒虽然确认了课程目标的三种来源，但是他没有看到三个来源分别出自一系列传统的学派，这些学派有着不同的理论假设，有自己的立言人和追随者，有自己的一套表述方式。泰勒只把他们并列地放在一起，这种简单的折中主义并不是从事理论概括的最有效的方式。需要指出的是，泰勒之所以没有“看到”不同学派之间的理论分歧并采取简单的折中策略，正是其技术学的视野使然。

哈贝马斯（Habermas）的认识兴趣学说有利于我们更深入地去探讨课程技术学范式的理论缺陷。哈贝马斯指出，实证主义及其所倡导的技术理性的缺陷在于割裂了认识与兴趣的内在联系，事实上，兴趣先于认识，并指导我们的认识活动，是认识活动的基础。他说：“兴趣即乐趣，……兴趣的目标是生存或定在，因为，它表达着我们感兴趣的对象同我们实现欲望的能力的关系。”（哈贝马斯，1999）[201]哈贝马斯由此区分了三种兴趣，即技术兴趣、实践兴趣和解放兴趣。技术的兴趣在于控制，实践的兴趣在于理解，解放的兴趣在于批判。以哈贝马斯的认识兴趣学说来审视，目标模式的理论缺陷恰恰在于陷入技术理性与技术兴趣的宰制之中，课程探究的旨趣指向“控制”和“效率”，忽视了课程探究的“理解”之维和“解放”之维。

二、学科性质

海德格尔（2004a）[307]指出，在技术社会中，技术的本质不仅决定了人与自然的交往，而且也深深地铭刻在人的文化创造活动中，在科学、宗教、政治、艺术等领域都体现出文化的技术本质。反映在课程领域，课程往往被界定为静态的学科知识。例如，自然科学课程将科学视作知识体系，课程内容就是有关科学知识的概念、命题、理论的学习；历史课程则试图传授历史“科学”的规律、原理，满足于历史知识的机械记忆。他进一步指出，历史“科学”的技术本质表现在用与自然科学相类似的史源考证的方式来研究历史，关注历史中确定不变的、可比较的历史现象，而将历史中独一无二的东西、离奇的东西、单纯的东西，简言之，历史中伟大的东西，都说明为“例外”。生命哲学家柏格森（Henri Bergson）也指出，科学关注的是可重复的事件，而真正最有价值的事件却是不可重复的（柏格森，2004）[36]。以技术理性的范式来解读历史，历史课程就变成了关于“客观性”的历史规律的记录，而历史教育则变成历史知识的记问之学。艺术教育则蜕变为艺术知识掌握与艺术技巧的训练，而丧失了艺术本真的灵性。德育课程也被简化为道德知识的学习，忽视了道德本身的实践本性。在技术“座架”的支配下，德育活动只能是关于道德知识与行动标准的规训，而丧失了对人的真正的伦理关怀。杜威曾对这种说教式、观念式的学校德育进行了深刻批判。他指出，“学校中道德教育最重要的问题是关于知识和行为的关系。……知识没有和寻常的行为动机和人生观融为一体，而道德就变成道德说教”（杜威，1990）[377]。语言教育和语言学研究也将语言技术化，包括抽象化（如语法知识等元语言学建构）、精确化、单义化、工具化等。海德格尔指出，现实的语言的生命在于多义性。把生动活跃的语词转换成单义的机械的确定的符号系列的呆板性，这是语言的死亡和生活的凝固和萎缩。（绍伊博尔德，1993）[152]语言技术化表现在语文课程中，就是将生动活泼的语文教育异化为机械呆板的内容分析、语言文字训练与语法知识传递。例如，邹静之（1997）[5] 在《女儿的作业》一文中就讲了一个很典型的语文教育被机械化的故事。

有一天，她问我“灰溜溜”怎么解释。我想了一会儿，问干吗解释这个词。她说是作业。我说这个词你会用吗？她说会，很快造了句子。我说这就可以了，关键是会用。解释“灰溜溜”这种词毫无必要，就像解释“馒头”这个词没有必要一样。女儿不屑，她认为我从没有学好过语文，连小学的问题都答不出来。我不知道这个世界上的每个词是否都有再用语言来解释一遍的必要。如果不是，就该放孩子们出去玩玩。我想不到“灰溜溜”这类词，也要用书面语去说它一遍了，那在这个世界上我们要学的东西就太多了，我们确实不必在“灰溜溜”面前灰溜溜。

笔者一次在上海一所小学听一年级语文课《我爱我家》，课文非常简单：“我爱爷爷奶奶，我爱爸爸妈妈，我爱我的家。”教师首先向学生出示课文中的生字“奶”“爱”“爸”，并启发学生思考“奶”的第一笔画是什么。有的学生说是一横，有的说是一撇……教师一一否定，只到有学生说是“撇点”，教师方予以肯定。然后教师让学生将“奶”字的第一笔画反复念五篇。我想，小学低段虽以识字教学为主，但识字也不能仅仅采取机械方法。文章虽简单，但可以引导学生说话，例如，可让学生说说如何爱自己的爷爷奶奶和爸爸妈妈，在识字的同时让学生感受家的温馨。

三、课程结构

传统的课程结构具有很强的工具性色彩，并因此遭到了新教育社会学的激烈批判。例如，在传统的课程结构中，学科之间的关系不是从育人的高度来设计，而是按照不同学科在社会上的重要程度进行区分，并体现出分化与等级化。于是，原本同为人类文化财富的各门学科知识在学校课程结构中被人为地划为三六九等，出现了事实上的高地位知识、中地位知识与低地位知识之不同等级。不仅如此，传统的课程研究对于课程结构的评价也持一种“类工艺学”的标准，即关注课程结构的“科学性”与“合理性”，而忽略其背后的哲学立场、价值取向及权力关系（吴康宁，2000）。也就是说，课程结构落入技术理性的宰制之中，背离了其育人的本源性旨趣。

传统课程结构在工具化的同时也不断地专门化，学科之间缺乏必要的统整与有机联系，结果不仅使学生难以形成完整的世界图景，更重要的是割裂了课程与人生的内在关联，并最终导致德育工作的低效。这是因为，在学校制度化、学科专门化的背景下，与做人有关的人生问题也被“专门化”，被放在专门的、制度化的德育框架下来展开。学校德育的专门化、制度化，使“做人”的教育蜕变为学校庞大体系中的一个局部的单元，甚至是一门专门的课程。这就使作为整体的学校课程与人生之间发生了断裂。

四、课程实施

技术理性重视“效率”与“控制”，在技术理性的影响下，课程实施关注的是教学的有效性问题，其通常的提问方式是“什么样的教学是最有效的教学”以及“什么样的教学是最优化的教学”，而不太关注“什么样的教学是最有价值的教学”。夸美纽斯（Comenius）的《大教学论》就已经显示了对教学有效性的高度关注。在该书的扉页上，夸美纽斯（1984）[2] 写道：“我们这本《大教学论》的主要目的在于：寻求并找出一种教学的方法，使教员因此可以少教，但是学生可以多学。”为了实现“少教多学”的目的，教学活动就必须有严谨的秩序，“秩序就叫作事物的灵魂。因为一切秩序良好的东西，只要它能保持它的秩序，它就可以保持它的地位和力量；到了不能保持它的秩序的时候，它就变脆弱，就倾跌和颠覆”（夸美纽斯，1984）[75]。总之，效率和秩序是夸美纽斯教学理论关注的焦点。

以“效率”和“控制”为导向，教学在片面追求技术化的过程中，容易出现重技术而轻艺术、重预设而轻生成的倾向。长期以来盛行于教学实践中的各种“模式”“标准”“技术”虽然有助于整体提高教师的教学水准，但是教学活动毕竟需要教师的实践智慧，只有在教师教育智慧的自由发挥中，教学才能进入艺术的境界，而学生才能受到心灵的感召。

第二章　生存论哲学：内涵与意蕴

第一节　超越知识论哲学的窠臼

从哲学层面看，技术社会中世界的祛魅以及人之生存意义的迷失，主要是源于传统的知识论哲学（或者说认识论哲学）的误导。

从西方哲学史看，传统知识论具有极其深远的历史渊源，其主要的表现形式经历了古代的本体论哲学、近代的认识论哲学直到当代逻辑实证主义哲学。传统知识论的根本问题是忽视知识与人类生存的内在联系。具体而言，表现在三个方面：一是直截了当地把求知理解为人类的本性，未深入反思人类求知的动因究竟是什么；二是把求知理解为人类对外部世界的静观，未深入探究人类求知的实际过程；三是把真理性的知识理解为主观认识与客观对象相符合的结果，未深入追问知识的本质及其何以可能的真实的前提。（俞吾金，2004a）

传统知识论的这些问题，早在亚里士多德的哲学中就已经显露无遗。一方面，亚里士多德开启了知识论哲学中“旁观者知识观”的先河。在《形而上学》一书的开篇，亚里士多德（1959）[1] 就说：“我们乐于使用我们的感觉就是一个说明；即使并无实用，人们总爱好感觉，而在诸感觉中，尤重视觉。无论我们将有所作为，或竟是无所作为，较之其他感觉，我们都特爱观看。理由是：能使我们识知事物，并显明事物之间的许多差别，此于五官之中，以得于视觉者为多。”也就是说，在亚里士多德看来，人类习惯于以“观看”（静观、旁观）的方式来获取知识，这种通过“观看”而形成的知识实质上是一种旁观者知识，其与个体生存的关系是被遮蔽的。另一方面，亚里士多德主张求知本身具有超实用的特性，即“为知识而求知”的知识论哲学主张，这同样也掩蔽了知识与生存之间的内在联系。他指出，古往今来人们开始哲理探索，都应起于对自然万物的惊异。……他们探索哲理就是为脱出愚蠢，显然，他们为求知而从事学术，并无任何实用的目的。(亚里士多德，1959)[5]

亚里士多德之后，知识论传统的中坚人物笛卡尔、康德和黑格尔（Geory Wilhelm Friedrich Hegel）都把知识与知识的基础——人类的生存实践活动分离开来，并由此导致西方近代哲学的危机。尤其是黑格尔之后，西方现代哲学进入了反思、分化乃至解构的进程，并且形成了诸多的流派。虽然各个流派的具体观点和主张差异甚大，但是从总体上看，西方现代哲学的主流乃在于超越传统知识论哲学的局限，并转而强调生存关切。这一点可以从马克思主义、实用主义、分析哲学、存在主义等诸多现代哲学流派的思想中窥见一斑。

恩格斯（Friedrich Von Engels）对费尔巴哈的哲学思想进行了深刻分析，认为费尔巴哈没有找到通往现实生活的道路，他所研究的人仍然是抽象的人。“简单扼要地说，费尔巴哈的道德论是和它的一切前驱者一样的。它是为一切时代、一切民族、一切情况而设计出来的；正因为如此，它在任何时候和任何地方都是不适用的，而在现实世界面前，是和康德的绝对命令一样软弱无力的。实际上，每一个阶级，甚至每一个行业，都各有各的道德……费尔巴哈不能找到从他自己所极端憎恶的抽象王国通向活生生的现实世界的道路。”（恩格斯，1995）[240]恩格斯（1995）[240]进而认为，“要从费尔巴哈的抽象的人转到现实的、活生生的人，就必须把这些人作为在历史中行动的人去考察”。总之，马克思主义反对抽象地研究人，主张关注人的现实生活，并从人的具体的社会实践来理解人的本质。

实用主义哲学家如詹姆士（William James）、杜威以及当代的新实用主义者罗蒂（Richard Rorty）都反对传统知识论哲学中以静观方式来求知的立场，特别是其以主客观的符合为前提的真理论。实用主义哲学家们主张知识或信念之为真，其根本的判断标准不是静观中的表象是否与实在相符合，而是“人应付环境的功用问题”。詹姆士（1979）[103]指出：“真观念是我们所能类化，能使之生效，能确定，能核实的；而假的观念就不能。”杜威则多次反对各种将知行割裂的二元论，他说：“所谓知识就是认识一个事物和各方面的联系，这些联系决定知识能否适用于特定的环境。”（杜威，1990）[356]他认为，如果将知识与应用隔离开来，则知识就完全在意识之外，或者变成审美沉思的对象，这种沉思的态度具有审美的性质，但却不是理智的性质。（杜威，1990）[335-357]

分析哲学的重要代表人物维特根斯坦（Ludwig Wittgenstein）早年也曾局限于知识论传统之中。在《逻辑哲学论》中他写道：“对象是简单的。……对象构成世界的实体。因此它们不能是复合的。……对象是无色的。”（维特根斯坦，1996a）[27]但是在晚期，维特根斯坦（1996b）[17]意识到：任何概念的意义都取决于它所附着的“语言游戏”，而“语言游戏”又植根于“生活形式”，归根结底是人的积极的生活实践。因此，不同的生活实践导致了不同的生活形式和语言游戏，从而使事物在不同语境中呈现出不同的意义。

海德格尔则通过对“此在”（人）的在世结构的分析，指出“寻视”和“操劳”才是人生在世的最本源方式。面对我们生活的世界，我们一开始并不是像知识论哲学所理解的那样对世界进行“旁观”，而是根据我们生活的需要进行积极的“寻视”，正是在“寻视”中，世界才与我“照面”。简言之，只有在生存的“寻视”和“操劳”中，世界才向我们开启和敞亮。海德格尔以日常生活中最普通的锤子为例展开现象学分析：当我们使用锤子做事情的时候，锤子并没有成为我们关注的对象，也就是我们并没有用对象性思维方式将其视为客体，锤子与我是“缘构”关系，而一旦锥子出现毛病，这时我将注意力集中到锤子之上，于是锤子成为我的对象性思维的客体，而种种理论正是在这种转向的过程产生的。总之，在海德格尔看来，对于理性层面的认识活动（例如概念思维、科学探究等），我们需要一分为二地来看待。一方面，要认识到命题、科学都是人生在世的派生的事物，而不是本源性的方式，不能本末倒置，忘却知识与人生的联系；另一方面，也要认识到科学、命题等理论认识也是人生在世的一种存在方式。“诸种科学都是人的活动，因而都包含有这种存在者（人）的存在方式。”（海德格尔，2006）[14]也就是说，科学本身并不是外在于人的东西，而是蕴含在人的生活世界中，因此，揭示科学的生存论意蕴应该是当代哲学的重大课题。

总之，从传统知识论向生存实践论的转向，可以说是西方哲学发展的根本动向。这一动向重新建立了世界与人的有机联系，因而为我们分析教育场域中人的存在状态提供了更深刻的理论视角。

第二节 意义的探询：生存论哲学的意蕴

传统知识论哲学对生活的遗忘引发了现代西方哲学的生存论转向，马克思、杜威、海德格尔的思想以及受存在哲学影响的人本主义心理学、精神分析心理学等，都可以看成是这一转向的代表。俞吾金（2004a）就指出，西方现代哲学的主流是从传统知识论走向生存实践论。

在本研究中，笔者参考哲学界的提法，以生存论哲学来概括当代西方哲学的这一生存论转向。需要指出的是，西方生存论哲学可以从广义与狭义两个不同层面去理解。狭义的生存论哲学是指以海德格尔等人为代表的生存哲学；而广义的生存哲学则可以囊括精神分析、人本主义、实用主义、甚至马克思主义等。这些不同的理论流派虽然有不同的分析视角与问题焦点，但其共同的倾向却都是关心现实的人的生存境遇，并试图从不同的角度重建人的精神家园，因此，都可以归入生存论的思想潮流之中。

生存论哲学要求我们从“我们如何认识”的问题（康德式提问）转

向“我们如何生存”的问题（海德格尔式提问）。人的生存意义的探询由此成为生存论哲学关注的焦点。

精神分析学派的代表人物荣格（Carl Jung）认为，现代社会中个人的困境主要是由于科学方法的滥用造成的人的抽象化。科学强调客观化、数学化、平均化。由于客观化，生动的、真实的人的精神被排除掉了，这恰恰是对“人性”的货真价实的反对；数学化关注统计学意义上的平均值，人变成了一个抽象的平均数、一个统计单元，于是，人也有了一幅抽象的图画，只不过在这一抽象过程之中，个体的一切特征都消失殆尽了。（荣格，2001）[5] 总之，科学视野中的人是一个“概念化的平均值”。而这种抽象的人，其生活的目的和意义不是来自自身，而是来自抽象的集体与国家。个人失去了个体道德和个体心理的特殊性，而只是“津津乐道于公共福利的获得和生活标准的提高”。荣格（2001）[5-11] 主张对具体的人的认识要由科学范式变为理解范式，为此，必须把关于一般人的科学知识置诸脑后，并且还要抛弃所有的理论概念，而以自由、开放的心灵面向具体个人的特性的洞察。

精神分析学派的另一个代表性学者弗罗姆（Erich Fromm）则认为，现代社会的主要危机是人类迷恋于对世界的执着占有，而其理论前设是工业时代对“无止境的进步”的错误允诺。这一允诺造成人们以无止境的占有和消费作为自己的人生目的，由此带来种种社会的深刻危机。事实上，这一允诺从未实现，因为“无限制地去满足所有的愿望并不会带来欢乐和极大的享乐，而且也不会使人生活得幸福”（弗罗姆，1988）[4]。面对这种时代危机，弗罗姆认为，我们不仅要改变社会制度，更重要的是要重建我们人类的生活方式，那就是从“占有”走向“生存”。他引用马克思的话说：“你的生存越微不足道，你表现你的生命越少，你占有的财产就越多，你的异化的生命也就越大。”（弗罗姆，1988）[1] 弗罗姆（2003）[226] 认为，在教育领域，现代教育的最大失误是满足于向学生传授工业社会的知识以及塑造适应工业社会的性格，如野心、竞争等，使人蜕变为实现经济目标的工具，人失去了他与世界的具体联系，不再过着富有意义的生活。为此，一个健全的社会必须呼唤文化的转型。

人本主义心理学家马斯洛（Abraham Harold Maslow）认为，现代社会培养的是“顺应良好”的人，这种人以人自身以外的功利价值作为成长的评判标准。而事实上，人人都具有自我实现的冲动，在人的心理生活的许多方面，由成长性动机激发的学习与单纯的缺失性动机有极大的差异。因此，人本主义强调将人的价值聚焦于人的自我实现，通过各种“高峰体验”领悟人生的本源性意义。马斯洛（1987）[72]认为，纯真快乐的高峰体验是人的终极生活目标和生活的终极证明，因为高峰体验的存在状态是物我两忘、天人合一的真、善、美的统一。

存在主义哲学的重要代表人物海德格尔则明确地将生存意义的探询作为自己哲学的主题。在其名著《存在与时间》的首页，海德格尔（2006）[1]宣称，这本书的意图就是“要重新提出存在的意义的问题”，并且“具体而微地把‘存在’问题梳理清楚”。他强调存在问题在存在论层面和存在者层面的优先地位，并指出：“任何存在论，如果它不曾首先充分澄清存在的意义并把澄清存在的意义理解为自己的基本任务，那么，无论它具有多么丰富多么紧凑的范畴体系，归根到底它仍然是盲目的，并背离了它最本己的意图。”（海德格尔，2006）[13]受存在哲学影响的存在主义教育家则强调教育要关注人的生存意义的探询。教育研究的人学起点不应该是“人是什么”而是“人是谁”。而传统的人性假设总是将人实体化，这种“人是什么”的提问反映在社会生活中就是询问“他是干什么的”而不是“他是谁”，人的种种社会角色取代了他自身。在对教育本质的理解上，存在主义教育家反对“人的可塑性”，而强调人的自我生成性以及人的主观体验。存在主义者反对知识对人的控制，因而在教育方面不太重视课程建设，甚至容易采取虚无主义立场。总的说来，他们强调教育的重心应该由科学世界转向人格世界，因此，在课程方面他们重视人文学科，例如历史、文学、艺术、哲学等，这些学科较其他学科更能彰显直接的人性。但是即使是这些人文学科的教育，存在主义者也反对其中真理的客观性。例如历史，在存在主义看来，所谓历史的客观性是一种神话，因为事件必须依照历史学家的观点来解释。存在主义者认为，历史乃是人类为实现其自由的奋斗，历史没有客观知识，历史的事实附属于历史的价值判断，借以厘清现实的困局。因此，历史教育必须开启学生的思想与感情，使其成为学生人格的一部分。又如艺术，存在主义主张将艺术的评判活动和创造活动分开，认为评判所持的是旁观者态度，缺乏内在性与精神性，也不可能了解艺术创造者的主观煎熬。而真正的艺术教育应该在艺术事业中产生参与者，从而对创造者具有深切的同情，并将艺术视为人类经验的中心。至于科学课程，存在主义认为科学强调价值中立，要求超然态度，表现的是宇宙的非人性观。但是如果科学加强其哲学与艺术的侧面，加强我们知觉的力量，并且说明我们面临不确定时代的存在选择，那么在存在主义看来，科学也将具有一定的教育意义（杨国赐，1986）[194]。

杜威的实用主义哲学常常被标榜为工具主义、实验主义，也就是说，杜威思想的核心是强调科学方法的广泛运用，但是杜威不是简单地就方法论方法，而是强调直面现实的人的生存境遇，强调哲学必须与人生事物相联系，并回答我们如何生存以及生存的意义与价值问题。正如他在《民主主义与教育》一书中所反映的，教育并不是简单的“做中学”的过程，而是必须持守民主主义的社会理想。只有从民主主义的立场与价值取向出发，我们才能更深刻地解读杜威。事实上，对于科学方法在生活中的运用，杜威曾坚决反对传统的价值中立的科学观。他指出，过去人们将科学视作价值中立，新科学从那些距离人生事物最遥远的事物上开始，因而不能应用科学方法去增进对于人生关系和兴趣的了解，去在人生事物上规定计划和政策。而在教育上，学校曾很少去利用科学和技术为积极工具，以培养态度和倾向，并获得必要知识，去处理今日男子和妇女的问题。在课程中，科学是作为一套现成的知识和技能来教的。它的教学在大体上并未顾及科学实际进入人生的状态，并未把科学作为一个最高的人文学科去教，而是把科学作为牵涉到人生关系的“外面的”一个世界的学科去教。它的教学并未联系于科学实际进入现在人生的每一方面与情形。杜威认为，哲学要解决人生问题，要关注现实的人的生存境域，就必须主张“科学人文化”。杜威（2006）[14]说，在现代社会，“不安全的感觉是最普遍的”，“世界对于我们好像是生疏的，不是舒适如家庭般的”，而哲学的任务就是“去寻求种种方法，使现在世界实际上成为更有价值和更有意义的，更舒适如家庭般的世界”。巴雷特（1995）[19]指出，“杜威把人本身牢牢地置于他那生物的和社会的背景之中，却决不越过这一背景而进入人本身最为深邃的中心，即恐惧和颤栗开始出现之处”。当然，杜威的哲学观也有其局限性，那就是过分强调“科学方法”在人生事物上的运用，主张心灵是可以用科学方法来“认知”的，而忽视甚至反对精神科学学派所倡导的“内省”“直觉”“理解”等。

马克思同样也看到了技术时代人之生存的异化问题，并做了犀利、深刻的批判。马克思明确地把18世纪末以来机器出现的时代称之为“机器大工业时代”，以区别于“手工业时代”，并对二者的本质区别做了深刻剖析。他认为，手工业时代的生产工具主要是手工工具，这些工具尚还凝聚着人的创造性、多元性、审美性，而机器大工业时代的生产工具主要是机器，机器的广泛使用压抑了人在生产中的创造性、能动性。“在这里，整个过程是客观地按其本身的性质分解为各个组成阶段，每个局部过程如何完成和各个局部过程如何结合的问题，由力学、化学等等在技术上的应用来解决。”（马克思，1972）[417]马克思的这句话实际上是指出，现代生产的基础是抽象的科学技术，正是技术的广泛使用造成了人与社会、人与自然、人与世界的隔离和疏远，人被技术化、数量化、抽象化，并最终遗忘了自己的精神家园。以商品交换为例，古代社会的商品交换主要是实物交换，如用羊来换取大米等。在这里，实物汇聚着海德格尔所说的天、地、神、人的灵气，寄托着生产者自身的情感、愿望与憧憬。但是，在现代社会，技术的使用却使交换过程日益虚拟化、抽象化，可以说正是技术性生存造成了抽象的人。但是，也应该指出，马克思的社会批判理论主要不是批判技术本身，而是批判技术的资本主义运用，即资本主义私有制，这是因为马克思生活的时代技术尚还局限于生产领域，而未渗透到社会生活的各个方面，因此，马克思主要关心的是资本主义制度造成的人的精神危机。而在海德格尔等人的时代，技术已经成为现代生活的基础性“座架”，这就使海德格尔看到现代精神危机的最深刻根源不是资本主义制度，而恰恰是技术本身。

生命哲学的倡导者狄尔泰（Wilhelm Dilthey）、柏格森、奥伊肯（Rudolf Christoph Eucken）等认为，在物化的时代，必须赋予生命的本质以本体论（而不是生物学）的意义。例如，狄尔泰认为，不能把人看作“物”，而必须深入到人的精神、文化、心理结构的纵深层面去理解和体验，“只有当体验、表达和理解的网络随处成为一种特有的方法时，我们面前的‘人’才成为精神科学的对象”（邹进，1992）[28]。在狄尔泰看来，人不仅生活在一个物理世界之中，而且生活在自己赋予了意义的精神世界之中。教育的过程不是外在的知识灌输，而是通过“理解”进入人的意义世界。狄尔泰的思想启发了德国文化教育学派的建立。狄尔泰的弟子、德国文化教育学派的主要代表人物斯普朗格（Eduard Spranger）认为，教育过程不是简单的、外在的知识获得过程，而是文化的陶冶过程。他说：“教育是基于对他人的精神施与之爱，使他人的全部价值受容性及价值形成能力从内部发展出来。”（邹进，1992）[69]他批评现代文化是一种庸俗文化，认为教育应该承担起文化重建的社会使命。文化教育学派的另一位代表人物李特也主张将人看成是文化性存在、价值性存在，并提出了“文化课程”的构想。在李特看来，“文化课程”分三个层次：一是“价值体验”，二是“价值结构”，三是“价值类型”。文化课程的基本旨趣在于培养学生的民族意识、价值感知和精神力量。（邹进，1992）[85]

法兰克福学派的当代代表人物哈贝马斯则认为，自我的理解与认同并非纯主观的、任意的，恰恰相反，每个人都是在特定的历史传统、生活形式、文化圈子之中借助积极的诠释而建构的，可见，文化传统在自我认同中具有极重要的地位。人的存在不是简单的工具性存在、技术性存在，而是文化性存在、历史性存在。哈贝马斯（2005）[33]甚至主张“扩展民法的范围，以把文化法包容进去。这些法律以同一尺度让所有的公民得以进入传统并归属一种文化共同体，在这种文化共同体中，他们可以选择自己的身份”。哈贝马斯批评传统的技术理性剥离了人之存在的丰富语境与价值关联，导致人之精神家园的失落。但是他认为，人之异化的克服不能简单地否定理性，而是要对理性进行重建。哈贝马斯由此提出了实践理性与交往理性的概念，以取代传统的技术理性对人的宰制。由此出发，他认为必须对社会文化的学习过程进行重新理解。哈贝马斯认为，技术理性视野下的学习观将学习仅仅局限于客观思维的侧面，局限于生产力的侧面，考虑的只是技术性知识和工具性行为。而在更广义的实践理性、交往理性的视野中，学习过程同样也发生于道德洞见、实践交往等侧面。他指出，“（人类）物种所学习的，不仅是对生产力发展具有决定意义的、技术性的有用知识，而且包括对相互作用结构具有决定意义的道德—实践知识。交往行为规则确实对工具行为和战略行为领域内的变化作出了反应，并推进了后者，但在这样做的时候，它们是遵循着自己的逻辑”（哈贝马斯，1989）[152]。也就是说，在哈贝马斯所倡导的广义的理性观视野中，学习不仅仅表现于认知侧面、技术侧面，同时也表现于道德侧面、文化侧面、交往侧面。只有在广义理性的视野中，学习过程才能成为精神生命的生成过程。

第三节 迈向意义性生存

生存论哲学确认人是一种意义性存在，人总是不断地在找寻生活的意义与价值，精神家园是人之为人的最重要、最根本的特点。荣格强调的“理解”、弗罗姆主张的“生存”、杜威提出的“科学人文化”、海德格尔呼吁的“存在”、柏格森理解的“绵延”等，都是对人之意义性生存的确认。正如赫舍尔（Abraham Joshua Heschel）所说，人“可能创造意义，也可能破坏意义；但他不能脱离意义而生存”（赫舍尔，1994）[52]，而且人之为人的独特难题就是如何进入意义。意义性生存意味着：人不仅仅是沉沦于世俗生活之中、受外在的功利目标驱动的“常人”，人同时也具有自己内在的精神生活。正如奥伊肯（2002）[267]所说，“人类生活的主要内容就是精神生活的发展与体验”，如果“精神生活不作为一个整体活跃地存在于人类内部并激活人类的话，那么，人类同精神生活的关系将永远是外在的，这种生活也永远不会在人类内部获得完全的自发性，也绝不会成为人类自身真正的生活”。

那么，生存论哲学又如何去开掘生存的意义世界呢？笔者以为，与传统的知识论哲学相比，生存论哲学，特别是海德格尔的哲学主要实现了三大转向。正是这三大转向为我们重新诠释课程领域人的生存图景指明了新的方向。

一、伦理境域的重建

知识论哲学所推崇的理性是一种技术理性、工具理性，这种理性建基于事实与价值的二分之上，“在事实与价值二分法的最极端的倡导者看来，价值判断完全在理性的领域之外”（普特南，2006）[1]。技术理性在摒弃了价值判断之后，将人与世界的关系异化为占有、征服、操纵、控制的关系，人由“亲在”“缘在”的生存蜕变为“异在”的生存，生存意义外在化、功利化、物质化。海德格尔用“无家可归”表达了人的这种生存困境。雅斯贝尔斯则进一步举例说，现代人好比建筑工人，他建筑，但却不栖居，现代人在技术理性的宰制下使“筑”与“居”彻底地分道扬镳。诗人荷尔德林（1999）[163]则批评说：“理智仍太碌碌于接近它的现象，不能迈向遥远的普遍道德目标，以及人的完善。”他忧郁地吟唱：“阿尔卑斯山峦鬼斧神工，那是远古传说中天使的城寨，但何处是人类莫测高深的归宿？”

超越知识论哲学的窠臼，也就意味着消融“筑”与“居”的分离。在《筑·居·思》的演讲中，海德格尔指出，人类生存的意义既不在遥远的天国，也不在异己的功利，生存的本真意义与终极关怀就在于人与世界的和谐相处、天人合一。海德格尔用“诗意的栖居”表达了对这种理想境界的憧憬，“诗意的栖居”意味着，人之本真性的生存意义并不在于欲望的满足、物质的占有，而是以审美和欣赏的眼光达致的精神生活的充实。可以说，在生存论哲学的视野中，世界不是“物品”，而是“作品”，生活不是“占有”，而是“倾听”与“欣赏”。

二、非对象性的运思

技术理性最根本的特点就是对象性思维，对象性思维强调主体与客体的二元区分与对立，世界中的一切都被视为“对象”和“客体”，世界由此被看作是我们“认识”的对象，人与世界的丰富、多样的联系也被简化为单一的认识关系。弗罗姆认为，正是这种认识关系造成了我们对世界的“占有”的心态，他主张变“占有”为“生存”，只有在“生存”的存在方式中，世界的丰富意义才能向我们显现。马斯洛所提出的“高峰体验”，也是一种超越了二元对立的心理境界。杜威则更是坚决反对这种二元论思维，他主张用连续性思维取代主客对立的认识论思维，从而超越对象性思维的禁锢。生命哲学的代表人物柏格森则区分了科学思维（对象性思维）与非对象性思维，他指出，在非对象性思维的视野中，生命的本质不是自然科学所研究的“物质”，而是一种富有创造性的活力，一种可以自由释放的能量。生命具有连续性而不可实体化，生命的本质特征是时间的绵延。“绵延是入侵将来和在前进中扩展的过去的持续推进。”（柏格森，2004）[10]绵延具有不可逆性、连续性，绵延意味着创造。但是科学却反对生命的绵延。因为科学的特征是用几何和逻辑的方法进行静态的分析，因而科学摆脱不了机械论、目的论与决定论。柏格森举例说，生命的绵延具有不可逆性，但是科学却是建立在可逆性基础之上的，因此，进入科学视野的只能是静态的表象，而不是真正的生命。总之，科学没有能力处理活的、创造性的、自由的东西。

海德格尔则将非对象性思维称之为“沉思之思”。海德格尔（1996b）[1238]指出，“沉思之思”不同于“计算性思维”，“沉思之思要求我们，不是片面地系挚于一种表象，不是在一种表象向度上单轨行进。沉思之思要求我们，深入那自身内初看起来好像完全不集中的东西之中”。在非对象性思维看来，世界不是简单的“在场”的表象，而是“隐”与“显”的统一，任何在场的、显现的事物背后都隐藏着无穷无尽的、未显现的事物和意义。这些未显现的、隐藏的事物，海德格尔称之为“神秘”，因此，“沉思之思”也就意味着“对于神秘的虚怀敞开”（海德格尔，1996b）[1240]。“沉思之思”追求澄明、解蔽，“澄明乃是一切在场者和不在场者的敞开之境”（海德格尔，1999）[79]，只有在澄明的境界中，世界的丰富意义才得以显现。海德格尔（1996b）[1265]用诗歌表达了对这种“沉思之思”的追求。

思同一事情，
思其同一性之丰富。
漫长曲折之道路，
行入其地方的益发单朴、纯一中，
那自弃于不可通达之中的地方。

三、生活世界的回归

生活世界是意义生发的源泉。海德格尔指出，人之存在是“在世之在”，也就是说，人总是在世界之中，只有进入我们的生活世界，我们才能领会生存的意义。海德格尔用“根基持存性”表达了对回归生活世界的强烈呼吁，他指出，传统知识论哲学剥离人的具体语境来谈人，结果使“当今人的根基持存性受到了致命的威胁”。他引用诗人海贝尔的诗歌来表达对生活世界中具体的人的关怀：“我们是植物，不管我们愿意承认与否，必须连根从大地中成长起来，为的是能够在天穹中开花结果。”（海德格尔，1996b）[1234]

生活世界中的人不是抽象的“认知体”，而是承载着历史、文化与社会语境的具体的人。回归生活世界就是关注具体的人的生存境遇。杜威所理解的哲学的改造，就是要使哲学与我们的人生事物相联系，使哲学变成行动的哲学、生活的哲学。马克思所主张的“感性的人”，也是强调要把人放在具体的社会关系的语境中去思考。哈贝马斯对文化传统的重视，同样也出于对具体的人的呼唤。

在这里，我们不妨分析一下马克思对“感性的人”的论述。马克思在自己的著作中反复强调把人视作“感性的人”，将人放在具体的社会关系的语境与脉络中进行审视。马克思哲学体系的核心范畴如“物”“价值”“时间”“自由”“人的异化”“人的全面发展”等都不是从静观的认识论立场出发去抽象地谈论，而是放在资本主义社会的具体语境中加以阐释的。例如“物质”，马克思认为，在资本主义经济关系中，具体的物表现为巨大的商品堆积。当商品作为物被大量生产出来的时候，“物化”现象或“拜物教”现象也就随之蔓延开来。例如，用木头做桌子，木头的形状就改变了。可是桌子还是木头，还是一个普通的可以感觉的物。但是桌子一旦作为商品出现，就变成一个可感觉而又超感觉的物了。它不仅用它的脚站在地上，而且在对其他一切商品的关系上用头倒立着，从它的木脑袋里生出比它自动跳舞还奇怪得多的狂想。这就超越了旧唯物主义者关于“世界统一于物质”的空论。而价值也不是指商品的使用价值，而是“还原”为交换价值。时间也不是自然时间，而是社会时间，即社会必要劳动时间（俞吾金，2004b）。总之，按照马克思的理解，只有回归生活、回归实践，我们对人、事、物的理解才能有鲜活的生命力量。

第四节 补充与说明

一、生存论哲学与中国语境

关注生存和实践是西方现代哲学的主流，但是不同的学派基于不同的社会脉络和思想背景，生成了种种不同的生存论视域，因而也就具有不同的理论诉求与思考方向。例如，巴雷特就指出，美国哲学家杜威的实用主义思想与欧洲存在主义思想家的思想存在显著的差异，这种差异主要源于美国与欧洲的社会背景的区别：存在哲学透露出欧洲人对两次世界大战的痛楚与反省，而“杜威是在美国那种偏狭而过于神学化的气氛中开始其工作的，他为了确立世俗智慧的合法地位，与那种气氛进行了多么艰苦的斗争”。巴雷特认为，杜威思想中的人是“技术动物的人”，“这种对技术的信念现在仍是美国信仰的一个最高项目”（巴雷特，1995）[20]。由此可见，在吸收和借鉴西方哲学资源以创建中国生存论哲学的过程中，我们尤其要以批判性的眼光来审视和思考，而不能盲目地套用或简单地移植。

从当代中国社会与教育发展的实际看，人所面临的主要困境是精神生活的滑坡、精神家园的失落。因此，笔者认为，我们更应该认真地借鉴西方存在哲学的思想，特别是海德格尔的后期思想①，并以马克思主义思想为指导，结合中国当代语境予以重建。事实上，当代中国哲学界已经兴起了生存论重建的热潮，甚至有学者将马克思主义本体论存在化，试图从海德格尔存在哲学角度重新解读马克思的思想。总体来说，中国哲学界现代生存论思想尚在重建之中。

但是，中国语境下的生存论建构必然有别于西方的存在哲学。从中国社会的发展状况来看，当下中国的社会改革是多元而复杂的，传统、

① 本文的分析将以海德格尔的后期思想为主要的理论资源。学术界一般将海德格尔的思想分为前期与后期，至于前后期思想的关系则一直是学术界探讨的热点。但是可以达成共识的是，其前期思想《存在与时间》仍未摆脱传统的主体性哲学的窠臼，不同的只是这时的“主体”更多带有非理性的色彩。后期的海德格尔则自觉地意识到了这一问题，他的《存在与时间》原本写了两部，但是在1953年《存在与时间》第七版序言中，海德格尔说：“本版删去了一直标有的‘第一部’的字样。时隔四分之一个世纪，第二部将不再补续，否则就必须把第一部重新写过。”（海德格尔，2006）[5]海德格尔后期思想的核心是强调消融主客对立，达致天人合一。他后期的思想可以用诗意性、生态性、审美性来形容。正是因为海德格尔后期思想的转向，才使他与萨特分道扬镳，而这也可以说明为什么当今中国学术界的热点是海德格尔而不是萨特。值得一提的是，作为同一时代的思想家，海德格尔与萨特毕生只有一次会面，而且据说不欢而散（杜小真，2002）[46]。这同样也可以说明他们思想的分歧，即海德格尔已经意识到其早期存在主义思想的缺陷而自觉地发生转向。考虑到这些背景性因素，本书所理解的生存论哲学（狭义）主要是指海德格尔的哲学。

现代、后现代，农业社会、工业社会、信息社会，这些在西方语境中原本处于历时性状态的现象在中国当下的语境中却发生了共时性的激烈碰撞。笔者认为，当代中国社会发展的主流是以工业化为核心的现代化过程，中国社会发展的时代呼声与历史困境也必须到现代化的进程之中去找寻。罗荣渠先生（1997）[21]就将新时代的历史定位为现代，孙立平教授（2003）[75]指出，中国正处在由工业化导致的快速城市化的前夜。而当下中国之大众话语如“农民工”“务工”“流动人口”“打工”“招商引资”“春运”等都已经折射出工业化对各阶层、各地域之广泛、全面的渗透与冲击。

国情不同，时代背景不同，因而思想的建构也将会有巨大的差异。西方存在哲学是在西方后工业化的背景下展开的，其思想的重点乃在于对传统理性的解构，甚至走向非理性主义（全增嘏，1985）[766]。相比而言，中国尚处在工业化的进程之中，“工业知识”（汪丁丁，1995），或者说，以科学知识、科学技能、科学观念以及相关的能力为核心的科学素养的累积仍将是十分艰巨的任务。这是因为，一方面，中国传统文化中缺少西方式的科学精神与科学意识，有学者将中西哲学的本体论差异归结为“爱”的本体论与“智”的本体论（张再林，2002），这就说明，在工业化背景下中国学术界仍需重视理性、知识等西方传统哲学的重要范畴；另一方面，西方现代非理性主义思潮的兴起主要是针对西方自柏拉图以来到笛卡尔、康德、黑格尔的知识论哲学传统。西方近代哲学以追求纯粹知识为旨趣，到笛卡尔“我思故我在”，知识的确证已经植根到纯粹的“我思”中，而远离了现实的人的生存境遇，并形成了为知识而知识的传统。正如西方绘画中的透视法，我们看到的是从一个固定的视点伸向无限的远方而不再回返，这可以看成西方知识论哲学的象征；而中国的绘画，诸如《清明上河图》却是多焦点并不断地在远近之间回返，体现出天人合一的和谐境界。由此，我们有理由说，中国文化传统恰恰为我们找到了克服西方科技宰制弊端的出路，这条出路不是抛弃理性和知识，而是超越理性，达致天人合一。海德格尔后期也对佛教和道教做了深入研究，这就是明证。可以说，中国工业化进程中的问题必须积极地从中国历史传统中去找寻有价值的文化资源，完全抛弃中国历史语境而全盘西化，不可能找到有效的解决之路。日本、韩国、新加坡工业化的成功可以说是最好的证明。

从教育学立场来看，笔者以为，西方存在主义教育学在知识问题、他人问题和世界问题上存在偏颇，而中国生存论哲学的建设则尤其应该在这三个方面进行突破。

（一）知识与生存

西方存在主义教育学虽然对教育的本质、师生关系、教育方法等有比较深刻的洞察，但是在课程方面却几无建树，其重要原因是不重视知识（尤其是科学知识）在人的生存中的重要作用。海德格尔虽然未反对知识，而且还将知识视为人的一种生存方式，但是，在海德格尔看来，知识、科学毕竟都只是人的派生性的生存方式，而要真正切近人的存在，就必须重视更本源的生存方式，即情感、领会和话语。与海德格尔相比，克尔凯郭尔（Soren Aabye Kierkegaard）、尼采（Friedrich Wilhelm Nietzsche）、叔本华（Arthur Schopenhauer）、萨特则显得偏激，更多地强调知识对人的存在的压制。克尔凯郭尔明确指出，主观性、内在性就是真理。尼采则说："'理性'是我们篡改感官证据的根源。……达于理性的偏见驱使我们设置统一、同一、持续、实体、始因、物性、存在的地步，在一定程度上把我们卷入错误，强制我们发生错误。"（熊伟，1997）[140]

笔者认为，以萨特、克尔凯郭尔等为代表的西方存在哲学之所以排斥知识、排斥理性，根本原因乃在于并未摆脱主观与客观二元对立的传统思维范式，并且在立场上过分重视个体内在的精神世界，而忽略了外在的客观世界。相对而言，海德格尔的哲学则强调以现象学的方法来消融主观与客观的对立，知识不再是外在于人的东西，而是人之生存世界的一个组成部分，唯有从人的生存出发，才能理解科学的意义。海德格尔的这些思想，有利于我们纠正西方存在主义教育学的一些片面性。

在海德格尔的视域中，重视知识意味着强调“知识”与“意义”之互为前提。一方面，任何一种意义诠释无不以掌握一定的知识为基础，没有这样的基础，所谓的“理解”就是漂泊无根的遐想；另一方面，知识本是为着解决生存的问题而产生的，也就是说，知识是我们在积极地与世界打交道的过程中，即“寻视”和“操劳”的过程中产生的。就此而言，对存在意义的理解规定了知识发展的方向。

（二）他人与自我

在萨特那里，“他人”问题始终是一个麻烦。因为“他人”的存在妨碍了“我”的主体性发挥，是对“我”的主体性的否定。萨特对“钥匙孔窥视”和“羞耻感”等所做的现象学分析都旨在说明：他人会构成经常的和潜在的对自我的自由的威胁。但是，当代一些学者，如马丁·布伯（Martin Buber）、诺丁斯（Nel Noddings）、列维纳斯（Emmanuel Levinas）等则从海德格尔的“与他人共在”思想出发，证明了他人对我的绝对必要以及我对他人所应承担的无限责任。例如，诺丁斯对海德格尔的“操心”和萨特的“焦虑”概念进行了深刻分析，认为它们正反映出人之存在的核心是关心。她指出：“海德格尔将关心描述为人类的一种存在形式。他在很广泛的意义上运用这一概念。他认为，关心既是人对其他生命所表现的同情态度，也是人在做任何事情时严肃的考虑。关心是最深刻的渴望，关心是一瞬间的怜悯，关心是人世间所有的担心、忧患和苦痛。我们每时每刻都生活在关心之中，它是生命最真实的存在。”（诺丁斯，2003）[23]因此，她认为，关心是存在的基础，关怀是道德的基础。而列维纳斯则认为，每个人的“自我”都是在与他者的关系中建构的。出生伊始，婴儿并没有自我意识，只是随着人际关系的展开，才意识到有“我”的存在。而且，我的存在的具体性也是由“我”与无数他者的不同关系所确定的。用列维纳斯的话说，当我终于拥有了我的“面孔”时，“我”的面孔上已经印刻着无数他人的面孔，因此，“我”原本只是一个“他者”，即“他者的他者”。

(三) 世界与历史

在萨特、加缪（Albert Camus）等看来，世界是一个完全不确定性的世界，而我们的在世之在也全无根据，甚至于更显荒谬。对这种人生在世的无依凭感的过分强调，使他们否定了历史、文化、传统等对人之生存意义的价值，从而走向了虚无主义。相比之下，海德格尔则有更客观的认识，在《存在与时间》一书中，海德格尔不仅强调人之在世是“与他人共在”，更指出人的存在体验只有在时间性、历史性中才能得到显现。杜威也强调人之生存的历史与文化境遇，在《经验与自然》一书中，杜威论述了个体的心灵与社会文化传统之间的密切联系。他指出，心灵是在人与环境交互作用的过程中逐步形成的意义系统，这个意义系统受制于文化传统、文化习俗，是一个流动着的、制约着个体视界的地平线。而人和动物的区别就在于：人的意识的背后有心灵的制约，人在和环境的交互作用中需要借助于文化传统所塑造的心灵（意义系统），以对当下的事件做出意义方面的解释，没有这种解释，人的行为就失去了普遍性、连续性，就会成为一种偶然的动物性的行为。这种文化传统所塑造的心灵使我们的个人行为具有共同体特征，使我们的个人行为具有了普遍的意义（陈亚军，2006）。哈贝马斯也强调历史传统对个人自我形成的重要意义。

二、生存论哲学与意义阐释

“意义”是生存论哲学的核心概念，但是“意义”同时却也是一个复杂、晦涩而又充满歧义的概念。生存论哲学视野中的意义概念不同于逻辑哲学、价值哲学、知识论哲学的意义概念。在逻辑哲学中，“意义”往往指语言的意义，例如，分析哲学家石里克（Moritz Schlick）在《哲学的转变》一文中说：“哲学就是那种确定或发现命题意义的活动。”（洪谦，1989）[9]罗素（Bertrand Russell）则对逻辑哲学所理解的“意义”进行了更深入的分析，他认为逻辑哲学所理解的“意义”主要有两层含义：一是

"一个词所意指（mean）的那种事物"；二是词与物之间的关系。"词的意义就在于它与一个对象或一组对象的关系"。（贾可春，2005）[57]举例来说，"拿破仑"这个词是有意义的，因为它指称特定的对象；但是"崇高"却可能是无意义的，因为它没有和具体的事物相联系。又如，当幼儿看到一种植物，我们告诉他这是"树"，经过反复强化，"树"这个概念就与特定的事物相联系，因而具有了意义。

但是，生存论哲学所理解的"意义"不同于逻辑哲学。在生存论哲学看来，意义不同于含义：含义是指概念、命题所指称的事物，例如各学科的名词解释；而意义则是事物与我们生存的关系。海德格尔（2006）[177]说："意义是此在的一种生存论性质，而不是一种什么属性。"意义现象植根于人的生存论结构，植根于人有所解释的领会。只有人才有意义世界，而动物没有意义世界。

在生存论的视野中，意义不是需要从生存之外去找寻和附加的属性，而是本源性地存在于生活实践的进程之中。海德格尔以锤子为例加以说明：我们无论怎么用力敲打甚至砸烂它，锤子的"意义"始终是不会彰显的，而一旦我用锤子来从事制作等活动，锤子的意义就向我显现。也就是说，不是我以旁观的态度去"拷问"锤子的意义，而是意义"向我显现"。意义之所以"向我显现"，是因为我在世界中，我与世界存在着多种"因缘与意蕴"，因此，世界对我而言大多是"隐而不显的"。在国内，赵汀阳教授也表达了同样的思想。他认为，生活具有自成目的性，生活的意义就在它的可能生活中展开和呈现，生活的意义就在于生活自身，而不可能在别处。而生活中最大的不幸就是误以为生活目的是某种结局或者某种可以完成的目标，这种态度离间了生活与生活目的（赵汀阳，1999）[15]。

意义概念凸显了人之技术性生存与意义性生存的本质差异。在技术性生存中，人是作为"物"、作为"商品"而存在，人的价值在于这种"商品"的交换价值而不是使用价值，针对人的提问主要是"人是什么"。而在意义性生存中，我们需要追问的是"人是谁"，人的使命在于"成为你自己”。“成人”而不是“成才”，“人化”而不是“物化”，这才是意义性生存所追求的境界。

具体而言，在生存论的视野中，人的意义性生存意蕴如下。

（一）可能生活的筹划

海德格尔指出，人的存在的“本质”是去存在，也就是说，是“可能性”而不是“现实性”构成了人的生存的本质。为了更好地表达这种“可能性”“去存在”的意蕴，海德格尔把人当下的存在称之为“此在”。“此在”这个词意味着人的生存不是抽象的、凝固的；恰恰相反，人总是在不断领会着生存的种种可能性，并积极地进行着生存的种种筹划。对此，海德格尔在多个地方反复进行了强调：“作为生存论环节的可能性却是此在的最源始最积极的存在论规定性。”“此在总已经——而且只要它存在着就还要——从可能性来领会自身。”“领会作为筹划是这样一种存在方式——在这种方式中此在恰恰就是它的种种可能性之为可能性。”“存在论上的可能性并不意味着‘为所欲为’意义上的漂游无据的能在。……此在是自由地为最本己的能在而自由存在的可能性。”（海德格尔，2006）[167-169]在国内，赵汀阳也表达了同样的思想。他指出，创造性冲动是每个人的天然冲动，所以它是普遍必然的人生目的。每个人都力图使“做”这一活动本身成为有创造性的，因为我们不可能从所做的“事情”而只能从“做”的方式中发现生活的目的（赵汀阳，2004）[102]。也就是说，正是在“做”的过程中，我们才积极地筹划着自己的可能生活，领会着自己生存的意义与方向。

（二）精神家园的重建

人和世界之间本源地存在着多方面的相互从属关系，正是在这种多方面的关系中产生了世界对于人的多重意义，诚如海德格尔所言，世界对人是敞开的。例如，一个简单的“有”字并不仅仅表示占有，像“事情有趣”“我有一个老师”等都可以反映出人与世界的多样联系。海德格尔又说，“我在世界中”，意思是说，“我不在世界之外”，我们的最基本、最原始的态度不是冷静旁观，而是“设身处地”，因此，世界对我首先不是静观的“对象”，而是“交往”的“邻居”。但是，在技术世界中，人与世界的多重的、开放的关系被单义化、单向化，世界对人来说只是被认知、被占有、被征服、被控制的对象。这种世界观从根本上忘却了人必须依存于世界，而人之生存意义正体现在与世界多元、多样的有机联系之中。海德格尔用“栖居”概念反映出精神家园之于人的重要性。他指出，人们以为住房问题是栖居的根本问题，却没有认识到，真正的栖居问题即精神家园的重建其实才是人类面临的最严峻、最棘手的问题(海德格尔，2005)[198]。意义性生存要求我们由“异在”变为“亲在”和“缘在”，从而建立与世界的多种关切结构。

（三）生命境界的提升

技术性生存追求标准化、客观性，其实质是对人的自由和灵性的压抑。巴雷特称之为“世界的平庸”，列斐伏尔称之为“风格的凋零”。海德格尔指出，我们领会生存意义的过程已经体现出人的创造性、自由和灵性。例如，一篇语文课文，其内容并不局限于语篇、语法等技术性知识，而更重要的是作者对生命、生活的独特感受以及由此生成的精神意境，只有在与文本作者展开对话的过程中，我们的精神境界才能得到提升，而人之自由与灵性也才能得到激发。因此，意义性生存的过程也就是不断地提升自己的生命境界的过程。

需要指出的是，在工业社会，由于过分强调技术知识的掌握，我们往往遗忘了知识所蕴含的生命价值。例如，德育变成机械的道德行为规训，缺乏对人的真正的伦理关怀；智育则变成知识的授受，远离人的意义世界；艺术教育蜕变为技术技巧训练，而丧失了真正的灵性。可以说，技术在带给我们生活数量的极大满足时，却是以生活质量的严重下降为代价的。个中原因，笔者认为，是技术的全面宰制使原本丰富的事物平面化、平淡化，使一切事物内在的多样价值都在贬值。举例来说，在当今的青年文化中崇拜偶像而忽视英雄，因为英雄暗藏的是价值的等级、蕴藏着崇高和伟大，而偶像则是平面的，是可感、可见甚至可消费的。这正如西方的波普艺术，一切平庸的东西在“重复”中都可以成为艺术。意义性生存则要求我们不断地超越平庸，通过与人类种族生命的对话，提升自己的内在涵养与精神境界。

三、生存论哲学与课程研究

以海德格尔为代表的生存论哲学已经在课程研究领域受到愈来愈多的关注。在国内，海德格尔的真理观受到了比较多的关注，一些学者以此为基础探讨了课程观、知识观的转变问题，并提出了彰显知识意义性、文化性的主张（郭晓明，2004）。但是，现有的论述主要停留于宽泛的阐释，尚未对知识的意义性做更深入的探讨。更值得一提的是，即使在中国哲学界，海德格尔思想的阐释也还在争鸣的过程之中。因此，如何更深入地把握海德格尔的思想，以及如何在海德格尔哲学与中国课程变革之间寻找合适的关联点，这仍是值得进一步深思的问题。本书试图从知识问题的研究深入到人的问题的研究，以人作为连接生存论哲学与课程的切入点。这是因为，人的问题不仅是生存论哲学关注的核心问题，也是课程研究的基础理论问题。从人出发，可以更好地将生存论哲学运用到课程的阐释之中。在生存论哲学看来，关注人就是关注人的生存境域，生存论哲学强调人本源性的生存样式是一种意义性生存，课程的理解、设计与实施都应该凸显人之生存的意义性。

在国外，生存论哲学与课程研究主要表现在四个方面。一是课程范式的变革。例如，派纳（Pinar）等人倡导以“课程理解”范式取代“课程开发”范式。在理解的课程范式中，课程不是知识，而是文本，通过对课程文本的不同解读来凸显课程与人之存在的关联。但是，笔者认为，课程理解与课程开发并不是相对峙的，即使是课程理解，最终也必须落实为课程开发的程序、步骤与顺序。例如，批判模式虽然指向课程理解，但是它同样也落实为某种课程开发的顺序。事实上，许多切实有效的课程主张既有课程理解的侧面，也有课程开发的向度，决然区分几乎是不可能的。由此推论，派纳关于“课程开发死于1969年”的断言是较为激进的。二是学科课程研究。海德格尔的思想启发了一些学者对特定学科的教材设计与课程实施的重新理解。例如，在音乐课程领域，曼斯菲尔德（J. Mansfield）围绕海德格尔的技术观探讨了全球化、信息化时代音乐课程的变革问题（曼斯菲尔德，2005）；莱恩斯（D. Lines）则基于海德格尔的艺术理论来重新审视音乐教育的本质问题（莱恩斯，2005）。三是课程愿景的重建。例如，多尔（Doll）、高夫（Gough）、休伯纳（Huebner）等人都从海德格尔等存在思想家那里汲取思想营养，构建了富有创造性的课程愿景。但是如何将这些课程愿景落实到课程设计之中，仍是值得探讨的问题。四是存在体验课程的凸显。派纳、格鲁梅特（Grumet）等人倡导存在体验课程、自传性/传记性课程，这些主张虽然凸显了课程中人的存在，但是由于他们多从后现代解构主义的立场出发，因而难以辩证地处理课程中的知识、理性等因素，这就必然使其在实施中存在诸种潜在的迷思。事实上，解构主义本身就存在内部矛盾，例如，德里达（Jacques Derrida）对逻各斯语音中心主义的解构，最终也必须借助理性的形式来表达，虽然德里达力图打破传统理性主义的表达形式，但是却在表达自己的非理性主义思想时重又回到了理性主义的轨道。鉴于此，本书将以课程开发的若干问题为主线，并试图从中国的语境与教育学的立场出发，对这些思想进行批判性的继承与发展。

生存论哲学对中国当下的课程改革也有十分重要的启发意义。中国课程变革的基本走向是从传统的工具形态走向生命形态，生命形态的课程观将更关注课程中人的存在形态与存在意义，而这与生存论哲学的理论旨趣是不谋而合的。因此，笔者以为，深入地研究生存论哲学及其启发意义，有利于我们更好地推进课程改革的深入。

第三章 “精神的旅程”：课程愿景的建构

著名课程学者多尔和高夫用“课程愿景”来表达他们对课程未来性的憧憬（多尔 等，2004）[4]。多尔指出，“愿景”所表达的是“更多性”与“超越性”，也就是说，“课程愿景”所表达的是对“课程即知识”的传统课程观的超越。高夫则指出，传统的课程研究深受技术理性的误导，片面地追求“效率”与“控制”，结果使学校蜕变为工厂，课程成为原材料，学生则异化为标准件。这种课程工学模式使课程日益丧失其本应具有的灵性，压抑了勾画美好未来的愿景式思考。多尔也强调说，“控制”是现代课程中最重要的一个幽灵，唯有让它“寿终正寝”，新的更有活力的课程形态才能够诞生（多尔 等，2004）[58]。

鉴于课程工学模式的弊端，西方当代课程学者呼吁人们在课程领域重建愿景式思考，通过从现象学、解释学、生存哲学、过程哲学等理论视角重新理解课程，构想了许多极富创造性的课程愿景。例如，多尔、高夫、休伯纳等著名课程学者就将课程看成是与“异乡人的对话”，是一次“奇异的旅行”，是奇妙的“精神之旅”等。

第一节 传统课程观的反思与批判

在知识论哲学的影响下，传统课程观认为，课程即知识，课程所搭建的世界被勾画为一个冰冷的知识世界、命题世界。课程与人之生存意义之间的密切联系长期以来并没有成为课程研究的主题。

例如，17 世纪教育家夸美纽斯的课程论往往被称为泛智主义课程论，在《大教学论》的扉页上，他写道：“《大教学论》阐明把一切事物教给一切人类的全部艺术。”总之，知识的教育是夸美纽斯教育学关注的中心。即使是谈及语文教育的价值，夸美纽斯也是从知识学习的角度来立论：“学习语文，并非因为它们本身是博学或智慧的一部分，而因为它们是一种手段，可使我们获得知识，并把知识传授给别人。所以不必学习一切语文，因为这是不可能的；也不必学习许多种语文，因为这没有用处，而且会浪费许多可以用来获得实用知识的时间；应学的只是必需的语文。”（夸美纽斯，1984）[172]

18 世纪末 19 世纪上半叶的教育家赫尔巴特（Johann Friedrich Herbart）虽然提出了教学的教育性思想，但是他的教育思想主要是以传统的认识论为基础的。他对后世影响最大的，也是基于其观念论心理学的教学形式阶段论。赫尔巴特教学形式阶段论的核心是知识的掌握问题，正如他在《普通教育学》中所言：“人类在业已经历过的旅程中已经积累了许多知识，我们的使命是把它们一个个连接起来。”（赫尔巴特，2002）[68]

19 世纪后半期的教育家斯宾塞（Spencer），他的《教育论》中第一篇论文就是《什么知识最有价值》，因此，知识问题同样也是斯宾塞关注的焦点。他认为，资本主义时代的生产完全依靠科学，没有科学知识来指导生产，社会就难以合理地发展，而生产的科学化又导致日常生活对科学知识的密切依赖。因此，斯宾塞主张学校课程应该向学生传递系统的科学知识，他认为这是学校教育的根本任务。

20 世纪以来，西方曾掀起了广泛的课程内容现代化运动，其主要旨趣仍局限在对知识本身的探讨之中，即着力解决“知识爆炸”与课程内容有限性之间的关系。布鲁纳（Jerome Seymour Bruner）提出了学科结构问题，费尼克斯则提出了知识构筑学的设想，这些思想共同促成了学问中心课程的诞生。而学问中心课程的特点就在于强调知识的结构化、现代化、理论化。

第二节 意义世界：课程话语的拓展

“课程即知识”的传统课程观也源于特定的社会背景，并反映了特定时代的历史呼声。例如，在夸美纽斯时代，面对宗教愚昧的全面统治和祖国的深重灾难，知识救国、反抗愚昧无疑是当时的历史呼声。而在斯宾塞时代，随着资本主义工商业的发展，科学对生产和生活的影响日益广泛，只有掌握一定的科学知识才能在工业化时代生存。正是这些特定的社会背景触发了传统课程观的勃兴。

但是，当今的时代显然已经不同于夸美纽斯、斯宾塞的时代。在这个时代，科技已经成为第一生产力，并渗透到社会生活的方方面面。而技术理性的滥用也已经使人类面临着非常严峻的困境：精神家园的失落、价值观念的虚无、生态环境的恶化、人际关系的疏远等。20 世纪初，韦伯（2005）[176]就曾指出，“专门家没有灵魂，纵欲者没有肝肠，这种一切皆无情趣的现象，意味着文明已经达到了一种前所未有的水平”。雅斯贝尔斯（Karl Jaspers）也指出，“一百多年以来，人类状况的问题愈益紧迫起来。……今天的人失去了家园……存在的基础仿佛已被打碎”（雅斯贝尔斯，2005）[1]。在机器的统治下，人们过着一种无根的生活，人被贬抑、被拉到物的水平上，丧失了人性的实质。

面对“无根”的时代，我们需要找寻精神家园，因此，课程应该关注人之生存的意义世界，应该凸显人之为人的意义性存在。著名课程学者休伯纳指出，长期以来，课程的主流语言是行为主义、实证主义或科学主义，学校盛行着预定性的课程指导、程序性的教学模式、标准化的测试与评价，结果使课程丧失了“精神”与“灵性”。休伯纳主张用“灵性语言”来谈论课程与教育，他借用帕尔默（Palmer）的“异乡人”概念为隐喻，来表达课程具有的“更多性”与“超越性”，促进课程成为不断向生活的新鲜感、新奇性与神奇感开放的超越的旅程（多尔 等，2004）[348]。格鲁梅特则提出了“存在体验课程”的构想，存在体验课程着力凸显作为知识基础的“前概念的”体验，强调植根于情境之中，研究个体的体验以及社会环境对这种体验的影响。其关注的视野主要包括特殊的历史、前概念的和生活的基础、对环境的依赖性以及选择和行为中的自主能力与才智。青木（Aoki）则进一步指出，教学从根本上说是一种存在方式（派纳 等，2003）[433]。另有一些学者提出了自传式课程的设想。自传式课程以现象学和存在主义为课程探究的理论根基，关注人的主体性与个人的生活经验，强调透过自传的探究，使学生摆脱实证主义和主观观念论的束缚，正确地和清楚地提供自身在世界中的经验（陈升飞，2002）。综上所述，课程领域的话语正在转型的过程之中，课程知识问题独霸天下的局面正在突破，而课程意义世界的彰显也已经受到学术界的关注。

第三节　基于意义世界的课程愿景

生存论哲学将课程世界看作是充满无穷魅力的意义世界，意义的生成与澄明应该成为课程研究的基本旨趣，派纳所倡导的课程理解范式可以看成是这一思想的典型代表。派纳指出，传统的课程开发范式迷恋于“效率”与“控制”，而课程的真正旨趣应该是“理解”与“诠释”。他主张将课程看作历史文本、政治文本、种族文本、性别文本、现象学文本、后现代文本、自传文本、美学文本、神学文本、制度文本和国际文本等，从而进行多元解读，借以敞亮课程所蕴含的无限意义。多尔和高夫则主张转变课程言说的方式，例如，用诗歌、电影、古英语、传说、童话、女性书写等多种方式来进行课程写作，从而使课程具有更丰富的生命意蕴。

在生存论哲学的视野中，课程意义世界的凸显需要我们树立如下的课程愿景。

一、课程即生成

传统课程编制着眼于知识的逻辑，强调的是知识呈现的清楚性、系统性，忽视课程的转变性、生成性。课程的形象由此被刻画成结论式课程、实体性课程、静态性课程，这在夸美纽斯、赫尔巴特等早期教育家的思想中都有鲜明的体现。

夸美纽斯将课程看作实体性的知识，他怀着“把一切知识教给一切人”的理想，主要关注两个方面的课程改革。一是课程内容的改革。针对当时课程内容古旧、烦琐、偏狭的弊病，要求删减不必要的、不合适的内容，只教真正有用的科目，扩大各级学校的教学内容，增添新兴的自然科学知识，对学生进行一种“百科全书式”的知识教育，即“把一切知识领域中的精粹的总和灌输给他们的头脑”。二是教材的编排。他主张教材的“圆周式”排列，以适应学生的智力水平。总的来说，夸美纽斯所理解的课程，尚还只是学的静态材料，而没有成为学生行动的指引，因而其课程改革的焦点，也主要局限在作为实体性知识的增减或排列。

赫尔巴特也将课程作为静态的材料，在《普通教育学》中，赫尔巴特区分了儿童成长的三种方式，即“经验”“交际”“教学”。所谓“经验”，就是儿童主动地探究自然，从自然中获得认识的过程；所谓“交际”，是指儿童主动地与社会打交道，并由此获得同情心的发展。赫尔巴特认为，“经验”与“交际”虽然是儿童成长的重要方式，但是如果仅仅依靠儿童主动的“经验”与“交际”是远远不够的，必须强调“教学”在儿童成长中的重要作用。“我们精神生活的核心不能卓有成效地通过经验与交际来培养。而教学一定能较深入地渗透到思维工场中去。”（赫尔巴特，2002）[72]赫尔巴特所理解的教学，其实就是如何将人类积累的文化和知识有效传递给儿童的过程，而课程则被简化为教学的材料。在《普通教育学》一书中，赫尔巴特还专门论述了教学的材料问题，认为“教学的材料存在于各种科学中”，这实际上也就默认了课程作为材料的观点。

总之，课程作为结论式材料的堆积，其所折射出的只能是抽象的、被动的人的形象。在静态式、实体化的课程里，我们看不到儿童整全的、主动的生命体验。

生存论哲学则认为，人作为意义性存在，表现于积极的体验和行动的过程之中。海德格尔认为，日常生活中人的意义性存在不可通过各种理论（概念、命题和逻辑）来“把握”，因为理论总是静态的，理论总是从川流不息的生命绵延中截取静止的片断，因而，理论所看到的人只能是抽象的人，而具体的人却是生生不息、丰满充盈的。

海德格尔用“存在”与“存在者”区分了两种不同的思维方式以及相应的两种不同的人的存在形态。对象性思维将事物看作凝固的“客体”，或者说“存在者”，并固化为某种抽象的概念，例如，桌子被固化为“桌子”这种特定的概念。但是桌子却并不一定就是“桌子”，在不同的情境下它可能是椅子、凳子、梯子等。简言之，“存在”是流动的、生成的，而“存在者”却是凝固的。只有通过非对象性的思维，抖落桌子之为“桌子”的刚性外壳，才能进入桌子之本真的“存在”中。

与此类似，在学校生活中，教师和学生都是真实而具体的人，教师并不只是“教师”这一种角色，在不同的情境下，他可能是心理咨询师、学习伙伴、顾问、代父母、管理者等不同的角色。而传统的教育理论却是建立在“教师”这种单一的角色维度之上的。用海德格尔的话说，传统教育理论的问题，乃在于将作为完整的人的教师窄化为单一的“存在者”（“教师”角色）。由此可见，教师作为具体的人，其存在的境遇是不可用理论性思维来“把握”“掌握”和“占有”的，能够“把握”的只能是静态的存在者。而“存在”却只能“进入”和“通达”，因为存在是不断变化、不断生成的。正如法国思想家莱维纳斯所说，海德格尔的“存在者”可以用名词和名词化的分词来翻译，而“存在”本身则应当通过一个动词来翻译。赵汀阳也认为，“存在就是做事”，这和歌德所说的“太初有为”以及费希特倡导的“行动哲学”相应和。

那么，课程如何才能“进入”和“通达”具体的人的意义性存在呢？关键是要重新理解课程定义的方式。传统的课程定义通过属加种差的方式规定课程“是什么”。“是什么”的追问往往出于对“确定性”的寻求，因而都指向确定的实体和对象，例如，课程即学科、课程即计划、课程即目标等。这种实体性的定义所指向的只能是“存在者”而不是“存在”，因而实体性的定义同时也意味着对具体的人的生命处境的剥离。海德格尔认为，要进入人的意义性存在，必须首先破除传统的实体性定义，并且在生成性思维的指引下寻找更本源性的定义方式。海德格尔提出了“形式显示的定义”的新思路。形式显示的定义在内容上是空洞的、不确定的。例如，海德格尔将人的基本存在情态界定为“畏”。“畏”没有明确的指称对象，而只是一种方向，在形式上是空的，但是在“实行”上，这些定义却是具体的、确定的。因为要理解“畏”，每个人都必须“把自己摆进去”，空洞的“畏”在吸纳具体的生命体验的过程中变成了理解者自身的“实行”和“居有”。这正如关于社会主义本质的讨论，长期以来，我们局限于本质主义的思维模式，硬要给社会主义一个实体性的定义，而邓小平同志关于“社会主义就是解放和发展生产力”的论述，正是从生成性的角度来重新理解“定义”。

在生成性思维的视野中，课程不是静态的“跑道”，而是动态的跑的历程；不是静态的结论性材料，而是动态的行动指南。作为行动指南，课程体现的是生成性、转变性。杜威关于经验的论述正体现了课程之生成与转变的特性。杜威（1990）[170]指出，“我所要引出的教育上的教训是，思想、观念不可能以观念的形式从一个人传给另一个人。当一个人把观念告诉别人时，对听到的人来说，不再是观念，而是另一个已知的事实。……只有当他亲身考虑问题的种种条件，寻求解决问题的方法时，才算真正在思维”。由此出发，杜威认为，儿童与课程并不是对立的两极，而是连续的过程。“教材不是有待于完成的遥远的和渺茫的结果，而是对付现在的一种指导方法。”而系统的间接经验的价值，“在于按照儿童生活直接所表现的那样来解释它，而且还继续对它进行引导和指导”。杜威在这里强调的是课程对儿童所具有的“指导”和“引导”作用。而所谓“指导”并不是从外部强加，“指导就是把生活过程解放出来，使它最充分地实现自己”（杜威，1994）[121-124]。在杜威看来，具有指导性的教材其实就是行动的指南，而不是知识的堆积。只有在行动中，才有作为意义性存在的人的生成和转变。杜威晚期的思想则非常注重“转变”概念，在《我们怎样思维》中，杜威（1991）[69]说：“智力教育的真正的问题是把自然能力转变为熟练的检验的能力；把或多或少的偶然的好奇心和分散的一时性的暗示转变为灵敏的、谨慎的和彻底的探究。”总之，在杜威看来，课程就是转变，任何僵化的预设和外在的强加都是对课程转变性的侵损。

怀特海（Alfred North Whitehead）的过程哲学更是将生成、转变视作事物的内在本质。他批评说：“将自然理解为一种静止的事实……是荒谬的。没有转变就没有自然。”（怀特，1981）在过程哲学的视野中，实际存在物是变动不居的，它处于不断流变的世界之中。整个宇宙就是“一种面向新颖性的创造性进展”，而不是一种稳定的形态学意义上的宇宙。怀特海用物理学的语言做了形象的比喻，他说，我们对实存事物的认识必须“用流动的能量概念取代静止的质料概念”（怀特海，2003）[564]。怀特海用过程哲学来诠释教育，提出了著名的“无活力概念说”。课程设计必须把儿童从“无活力概念”的影响下解放出来，而其根本的途径就是把课程视为转变、生成的过程。

二、课程即对话

传统课程观将课程视为“圣经”，视为“法定文化”的代言人，教师和学生都只是课程法定文化的忠实执行者和接受者，课程实施被看作对课程文本含义的简单复制与传递。总之，课程被界定为需要学生去“认识”“占有”“掌握”的对象。

海德格尔从生存实践的视角着力区分了“寻视”和“观看”，并为我们重新理解课程的本质提供了崭新的视野。海德格尔指出，传统的认识论哲学仅仅关注理论性思维，而忽视我们的生存本身。在理论性思维中，我们是以“观看”的方式来对待世界，以“旁观”的态度来对待知识。然而，从生存实践的角度看，知识首先不是我们“观看”的对象，而是我们“寻视”的对象。“理论活动乃是非寻视式地单单观看。观看不是寻视着的。”（海德格尔，2006）[82]我们只有从自我的生存实践出发，对知识展开积极的“寻视”，才能真正发现知识的意义。正如海德格尔（2006）[79]所言，我们与知识“最切近的交往方式并非一味地进行觉知的认识，而是操作着的、使用着的操劳”。总之，根据海德格尔的理解，课程不是我们要“占有”的对象，而是我们与世界打交道的一种重要方式，是人与世界“对话”的中介。

（一）对话式愿景与读者地位的提升

对话的课程愿景首先凸显了读者的地位。传统课程过分强调文本作者的权威性，结果造成“读者”（教师与学生）的依附性地位，压抑了其创造性和独特性。海德格尔通过强调“周围世界”的重要意义来提升读者的地位：我们能够理解的世界是日常生存实践的周围世界，因而，知识只有与我们的生存实践发生关联，成为我们使用和操劳的对象，才能进入我们的世界，并来到世界与我们照面。伽达默尔（Hans-Georg Gadamer）则从“周围世界”发展出实践诠释的理念：文本的理解不是简单的意义复制，而是读者从自己的视域（或者说“前见”）出发，与作者的视域发生碰撞，产生“视域融合”，从而创造性地生成新的视域的过程。换句话说，理解的过程是一个通过与文本对话而不断生成新的意义的过程。正如伽达默尔所说：“文本的意义超越它的作者，这并不只是暂时的，而是永远如此的。因此，理解就不只是一种复制的行为，而始终是一种创造性的行为。”（洪汉鼎，2001）[2]总之，读者的创造性与能动性在实践解释学的视野中得到了充分的肯定。

后现代哲学更是强调读者的中心地位，认为理解的本质是读者把自己的愿望、情感、想象和体验投射到文本之中的活动，复制作者的意图，既无必要，也不可能。例如，德国文艺理论家姚斯就指出，文本本身是为了读者而创造的，读者在阅读活动中具有中心地位。只有通过读者创造性的阅读，文本的意义才能从死的语言材料中解脱出来，从而拥有现实的、鲜活的生命力量。换句话说，文本的意义不是文本所固有的，而是从读者的创造性阅读中生成的。“一部文学作品，并不是一个自身独立、向每一时代的每一读者均提供同样的观点的客体。它不是一尊纪念碑，形而上学地展示其超时代的本质。它更多地像一部管弦乐谱，在其演奏中不断获得读者新的反响，使文本从词的物质形态中解放出来，成为一种当代的存在。”（姚斯 等，1987）[26]

童话原本离儿童的童心最近，因为童话的本质就是想象力的放飞，而童年的特质正在于天马行空、无拘无束的想象力。可以说，童话的精神与童年的精神是相通相融的。但是，传统的童话教学却压抑了儿童的想象力，具体表现在童话教学被异化为道德教育。例如，《小猫钓鱼》似乎就是告诉孩子不要三心二意，《狐狸和乌鸦》就是告诉孩子不要爱慕虚荣等。这种道德化、说教化的教学实践，使儿童在童话世界中难以拥有话语权，并放飞思维，因而儿童也越来越不喜欢童话教学，童话离儿童也渐行渐远。

在下面的案例（《狐狸与乌鸦》教学）中，教师放弃了道德说教的传统套路，而是激发学生的想象力，鼓励学生与文本对话。随着对话的展开，课堂终于找到了源头活水。

“你愿意做狐狸还是愿意做乌鸦？”

“狐——狸！”

“就没有想做乌鸦的吗？哦，没有。那么，你们说说想做狐狸的原因吧。”

“狐狸漂亮。我希望自己长得漂亮。”

“狐狸的样子好可爱，笑起来甜蜜蜜的，说话让人忍不住就相信了。”

“狐狸聪明，爱动脑，会说话。她用说话的办法就得到了想要的东西。”

“我知道骗人不好。可是如果我饿极了，也会骗东西吃的。”

“狐狸做事情能坚持到底。说一次不行就说第二次，说第二次不行就说第三次，而且越说越好听，终于达到了目的。”

“哈哈，咱班成狐狸窝了。”教师期待着不同的声音——虽然在内心深处，她也倾向于做狐狸，“现在，有愿意做乌鸦的吗？有没有？”

“我”，一个学生站起来，“我改主意了。狐狸太漂亮了，皮毛太美丽了，猎人都喜欢打狐狸。做狐狸很危险，还是做乌鸦安全些。”（吴群，2006）

（二）对话式愿景与作者“世界”的重建

对话式愿景引导我们重建“作者”的“世界”。传统课程中的作者是匿名的权威，是理性的典范。受此影响，课程的语言是“告诉”和“说明”，而非“对话”与“叙事”。海德格尔有关“周围世界”的理解有利于我们对文本作者的形象进行全新的阐释。海德格尔（2006）[64]指出，每一个存在者（包括作者和读者）都是“在世界之中存在”且“依寓世界而存在”。“依寓”意味着，无论我们是否意识到，我们其实已经“在世界之中”，因此，所有的理解都必须从自己的世界出发，就像我们不可能拔着自己的头发让自己离开地面一样。同样，文本的作者有自己的生活世界，文本的言说只能基于作者的生活世界（包括作者所处的时代背景、生活经历、阶级地位、权力关系等）来展开，因而也必然打上作者个人生命史的烙印。

课程作为对话，意味着学习者必须将文本作者看作具身存在的主体，透过与文本对话，来重新理解作者的精神世界。卡西尔就反复强调，要把包括知识在内的文化产品看作人类精神生命的展现。他说，“我们不再研讨艺术作品、神话的或宗教的思维的产品，而是创造这些制品所需要的创造力量、心理活动”，“我们试图分析和理解包含在语言、神话、艺术、宗教甚至科学之中的那些基本的感知、表现、想象、描述方式”（卡西尔，1988）[32]。例如，历史就不是历史事件和历史知识的堆积，而是历史学家生命体验的折射。卡西尔（2004）[258]指出，历史学家在研究和写作过程中，必须要点亮自己的"经验之光"，"伟大历史学家的与众不同之处正是在于他的个人经验的丰富性和多样性、深刻性和强烈性。否则，他的著作就一定是死气沉沉平庸无力的"。同样，科学也不仅仅是抽象的理性思考，而是同样凝固了科学家的具身体验，包括情感、想象、直觉乃至审美等。

作者"世界"的敞亮，意味着"作者"不再是一个毋庸置疑的权威，而是一个需要反省的对象。后现代思想家福柯（Michel Foucanlt）主张从话语权力的角度来对话语主体展开追问，从而使我们能够透过抽象的话语捕捉到一个具身存在的主体。首先，"谁在说话？在所有说话个体的总体中，谁有充分理由使用这种类型的语言？谁是这种语言的拥有者？谁从这个拥有者那里接受他的特殊性及其特权地位？"一句话，作者凭什么权力说话，也就是说话者的地位。其次，说话者所凭借的制度地点，也就是使其话语获得合法性和应用对象的来源。例如，医生话语权力的制度地点是医院、私人诊所、化验室、图书馆或者资料室等。最后，说话者与各种对象领域的关系。例如，医生的话语地位不仅取决于其知识与能力，机构、制度、法律规范等一起使他能够应用和扩展自己的知识并成为话语权威（福柯，2003）[54-59]。福柯关于话语权力与话语主体的思想在课程领域引起了诸多的共鸣。例如，施瓦布（Joseph J. Schwab）的课程实践模式强调集体审议，反对决策权力的一元化，其实质就是对传统的课程"作者"（学科专家）的质疑；而阿普尔（Michael W. Apple）的课程批判模式则提出了与泰勒模式不同的四个课程问题：这是谁的知识？知识是由谁来选择的？为什么要这样组织知识，并以这种方式来教？这对这个特定的群体是否有利？（阿普尔，1990）[10]总之，对话的课程愿景强调对课程文本的作者展开反思，以消解传统的作者霸权，凸显多元对话的空间。

（三）对话式愿景与文本意义的显现

对话式课程也要求我们重新审视课程文本的本质。长期以来，课程文本往往被认为是既定的知识载体，是需要学生单向接受的对象。也就是说，文本的意义是封闭的、自限的，而且是独白的。海德格尔认为，文本的意义之所以凝固，根本原因在于人类之“思”走错了方向。他指出，传统的知识论哲学崇尚实体性思维，在实体性思维的视域中，我们只能看到“在场”的存在者，却看不到不在场的事物。这种肤浅而功利的“技术之思”彻底掩盖了课程文本的丰富意义，唯有用“诗意之思”取代“技术之思”，我们才能从“有”通达“无”，从冰冷的知识世界走向生动的意义世界。所谓诗意之思，即是从逻辑走向想象，从实体性思维走向关系性思维。在诗意之思中，文本的意义是开放的、多元的。

实践解释学、现象学以及后现代哲学的兴起，更是凸显了文本意义的多元性和不确定性。例如，德里达认为，文本具有无限多的解释可能，根本不存在终极的文本解释，文本的意义是流动的、无限的。读者对文本的解读，不是通过作品复原作者的原意，而是通过理解与诠释创造性地拆解和重组文本的意义。为了强调文本意义的开放性、流动性、多义性，德里达还提出了一系列解构策略，如分延、播撒、踪迹、替补等。克丽斯蒂娃（Julia Krestiva）则提出“互文性”概念，所谓“互文性”，是指任何文本都不是孤立的存在，作品与作品之间存在着一种互文互参、开放式的对话关系。奥唐奈（Patrick O'donnell）做了形象的比喻：文本是个织品，同时地被编织和被拆散，这个织品不是由一种“料子”做成的，而是由其他文本的遗迹构成。互文性概念越来越受到理论界的重视，并形成了许多“家族相似”的话语，例如次文本、亚文本、超文本、再文本、类文本、文本中文本、元文本等（胡全生，2002）[127]。总之，互文性强调文本意义的开放性、流动性、多义性，开启了文本对话的无限空间。事实上，一个优秀教师的作为正在于引导学生在文本与文本的对话中获得思想的启迪、意义的领会。

一次听两位小学语文教师讲授同一篇课文《梅花》（王安石）：“墙角数枝梅，凌寒独自开。遥知不是雪，为有暗香来。”当讲到“暗香”

时，第一位教师简单讲解了该词的含义，即“梅花清幽的香味”，然后让学生记录并背诵。第二位教师则出示“暗香”一词在其他诗人诗歌中的运用，并让学生进行比较分析。例如，“疏影横斜水清浅，暗香浮动月黄昏”（林逋《山园小梅》），“园里无人园外静，暗香引得数蜂来”（曾几《独步小园》），“暗香留不住，多事是春风”（蒋锡震《梅花》）。教师引导学生思考，虽然都写梅花，但王安石的意境则迥异于他人。这与他当时所处的社会背景有关。当时，王安石变法失败，被迫辞职，十分孤独，但他仍倔强地坚持自己的政治理想。这首诗正是以动人的艺术形象表达了作者这种思想品格和一如既往、九死未悔的深情。最后，教师让学生在课后收集更多有关“暗香”的诗句，体会不同诗人的不同情怀。（我的教育随笔）

三、课程即家园

传统的知识中心课程不太重视课程与生活的联系，课程成为应付考试的工具，而没有真正成为育人的指南。这种课程可以说是无根的课程。

课程之无根性主要是源于知识论哲学对价值中立性、工具理性、同一性、普适性的过分偏执。但是“工具理性”的神话却给20世纪的人类带来了灾难性的后果。著名社会学家鲍曼对纳粹大屠杀进行了深入的分析。他指出，纳粹大屠杀并不只是犹太人历史上的一个悲惨事件，也并非德意志民族的一次反常行为，而是现代性本身的固有可能。在鲍曼看来，现代性的本质特性就是崇拜工具理性，强调“同一”和“控制”。于是，社会被视为管理的一个对象，视为需要被“控制”“掌握”并加以“改进”或者“重塑”的一种“性质”。鲍曼用“园艺”的隐喻来类比现代性。根据园艺的要求，植物往往被划分为需要被照料的“人工培育植物”和应被清除的杂草两大类。同样，在工具理性主导下的现代性制度中，大屠杀也被理解为“清除杂草”的活动，从而保持“花园”的“形状”。总之，“正是由于工具理性的精神以及将它制度化的现代官僚体系形式，才使得大屠杀之类的解决方案不仅有了可能，而且格外‘合理’——并大大地增加了它发生的可能性”（鲍曼，2002）[25]。同一性以及相应的工具理性把现代人的公共生活笼罩在工具主义的魔力之下，它要求人们排除主观性的价值情感，“排除爱、恨和各种纯个人的感情，尤其是那些不合理的、难以预测的感情”（科瑟，1990）[253]。它重视的是通过各种冷冰冰的理性规则来调节人们的实际生活，而不关心人生在世的意义与价值问题。工具理性所塑造的人是典型的技术人。

对同一性、工具理性以及纳粹大屠杀事件的反省，使西方哲学超越了传统知识论的窠臼，而走向对人的生存实践的现实关怀。海德格尔指出，传统哲学迷恋于追求普适性，结果耽搁了对“存在”的追问，忘却了对具体的人的现实生活处境的关怀。为克服人之“存在”的异化，海德格尔提出了“栖居”的概念，他认为，“栖居”是人类最根本的存在方式，但是工具理性所持有的对象化思维方式却使人们忘却了“栖居”的意义，或者错误地将“栖居”等同于住房紧张的表面性问题。“栖居并没有被经验为人的存在；栖居尤其没有被思考为人之存在的基本特征。”（海德格尔，2005）[155]而且，“不论住房短缺多么艰难恶劣，多么棘手逼人，栖居的真正困境并不仅仅在于住房匮乏”（海德格尔，2005）[170]。真正的栖居困境乃在于：在工具理性的宰制下，人彻底地处于无家可归状态。著名文学家昆德拉（Milan Kundera）用文学语言描述了技术社会人的栖居危机。

科学的飞速发展很快将人类推入专业领域的条条隧道之中。人们掌握的知识越深，就变得越盲目，变得既无法看清世界的整体，又无法看清自身，就这样掉进了胡塞尔的弟子海德格尔用一个漂亮的、几乎神奇的叫法所称的“对存在的遗忘”那样一种状态中。

人原先被笛卡尔上升到了“大自然的主人和所有者”的地位，结果却成了一些超越他、赛过他、占有他的力量（科技力量、政治力量、历史力量）的掌中物。对于这些力量来说，人具体的存在，他的“生活世

界”，没有任何价值，没有任何意义：人被隐去了，早被遗忘了。(昆德拉，2004)[4]

在小说《慢》中，昆德拉以超速行驶的摩托车手为例说明技术社会所造成的人之存在的遗忘和家园的失落。

伏在摩托车龙头上的人，心思只能集中在当前飞驰的那一秒钟；他抓住的是跟过去与未来都断开的瞬间，脱离了时间的连续性；他置身于时间之外；换句话说，他处在出神状态；人进入这种状态就忘了年纪，忘了老婆，忘了孩子，忘了忧愁，因此什么都不害怕；因为未来是害怕的根源，谁不顾未来，谁就天不怕地不怕。

速度是出神的形式，这是技术革命送给人的礼物。跑步的人跟摩托车手相反，身上总有自己存在，总是不得不想到脚上水泡和喘气；当他跑步时，他感到自己的体重、年纪，就比任何时候都意识到自身与岁月。当人把速度性能托付给一台机器时，一切都变了：从这时候起，身体已置之度外，交给了一种无形的、非物质化的速度，纯粹的速度，实实在在的速度，令人出神的速度。(昆德拉，2003)[2]

“回家”意味着必须重建精神家园。海德格尔对“伦理”进行了词源学考察，他发现在古希腊，伦理的本义就意味着“家”，意味着“让……栖居”。而后世却从主体与客体对立的对象化思维出发，将伦理变成“伦理学”，甚至出现“元伦理学”，结果使之丧失了真正的伦理关怀。同样地，在国内，倪梁康（1994）也对“经济学”和“生态学”两个概念进行了词源学考证，并指出“经济学”（economy）和“生态学”（ecology）在古希腊语中实际上是一对同义的概念，它们的共同词首 eco-在古希腊语中意味着“家”。如果我们把地球看作是人类的家，那么在今天的理解中，经济学的意义应当是“家政学”；生态学的意义应当是“家园学”。生态学的问题要比经济学的问题更根本、更关键：若无“家园”，谈何“家政”？

可以说，“二战”以来，西方诸多哲学思想的基本旨趣就是对“家”

的憧憬和精神家园的重建。例如，伽达默尔把自己的解释学称为“作为实践哲学的解释学”，强调“团结是决定性条件和社会理性的基础”；马丁·布伯呼吁彻底超越“我”与“他”对峙的思维方式和人生态度，而代之以“我”与“你”彼此倾听和应答的思维方式与人生态度；哈贝马斯要求以“商谈伦理”和“交往理性”取代“策略伦理”和“工具理性”；列维纳斯对“他者”思想的着力阐发等。

家园式的课程愿景要求课程把“根”重新植入人的生活世界之中，特别是要加强学科知识与生活世界的关联。知识不是与我们的生活隔离的“彼岸世界”，恰恰相反，知识是我们的一种生存方式。海德格尔就反复强调作为知识核心要素的“命题”具有无可置疑的生存论根源。他说：“像一般的解释一样，命题必然在先行具有、先行视见和先行掌握中有其存在论基础。”（海德格尔，2006）[184]任何命题都是认识论上的冷眼旁观，是“关于什么”，而这“关于什么”最初却是从我们与世界打交道的过程，即“用什么”做事中产生出来的。“命题把现成事物作为什么什么东西加以规定，这个‘什么’是从现成事物本身汲取出来的。”（海德格尔，2006）[185]海德格尔进一步分析了真理的本质。他认为传统的符合论真理观其实是一种认识论层面的真理，而更本源的真理则是与人的生存相联系的存在论真理，因此，必须从认识论真理深入到存在论真理。从存在论层次看，“在最源始的意义上，真理乃是此在的展开状态……被理解为符合的真理，通过某种特定变异来自于展开状态”，因此，“作为命题的真理的根系”就必须“反回来伸到”人的生存领会的展开状态那里。（海德格尔，2006）[257]由此可见，知识作为我们一种生存方式，必须不断地返回生活，指向我们的生存境遇，唯有如此，才不会导致工具理性宰制下的无家可归。

第四章 “本真的人”：课程目标的反思

在技术学的视野中，课程目标的阐述常常与指标体系、行为动词、目标类型、层级架构等概念相关联。课程目标的制订完全成为一个技术学的问题。例如，博比特（F. Bobbitt）认为，20世纪是科学的世纪，“科学的时代要求精确性和具体性”，因此，他认为课程目标的主要问题应该是具体化、标准化的问题。泰勒则沿着博比特的问题进一步将课程目标分为“行为”和“内容”两个方面。而泰勒的学生布卢姆（B. S. Bloom）以及克拉斯沃尔（krathwohl. D. K.）、哈罗（A. J. Harrow）等人所建立的“教育目标分类学”更是将课程目标的技术学研究推向了极致，并与“有效教学”的理念相互呼应。

但是，生存论哲学则认为，人的存在不是技术性存在、工具性存在，而是意义性存在。人的社会责任、人的精神生命、人的价值观念，这些才是课程目标应该关注的焦点。晚近以来，国内外有关核心素养的热烈探讨同样也凸显了人的存在的丰富性，体现了超越人的工具性存在的强烈呼吁。例如，2010年，新加坡颁布了21世纪素养框架，该框架以“核心价值观”为轴心来筛选未来社会所需要的核心素养，体现了对人的社会责任的高度关注。2013年，联合国教科文组织（UNESCO）发布报告《走向终身学习——每位儿童应该学什么》，该报告基于人本主义的思想提出核心素养，并呼吁从“工具性目标”（把学生培养成提高生产率的工具）转变为“人本性目标”。2016 年 9 月，《中国学生发展核心素养》发布，将中国学生的核心素养细分为文化基础、自主发展、社会参与 3 个方面，综合表现为人文底蕴、科学精神、学会学习、健康生活、责任担当、实践创新 6 大素养，具体细化为人文情怀、理性思维、乐学善学、国家认同等 18 个基本要点。而贯穿于这些素养之中的则是培养“全面发展的人”这一核心。

总之，课程目标问题并不仅仅是一个技术学的问题，课程目标蕴含着我们对人自身的思考，体现着人的生存境遇与生存意义。只有从生存论的视野出发，课程目标研究才能超越行为主义的局限，最终进入人之意义性生存的视域之中。

第一节　课程目标的人性假设

在生存论哲学看来，课程目标中隐藏着我们对“人”的思考，蕴藏着我们对人之生存路向的反思。有什么样的人的形象，就会有什么样的课程目标，例如，“人才”的目标定位总与“技术人”的人性假设相关联，“公民”的目标定位则与“社会人”的人性假设相关联。生存论哲学引导我们反思课程目标的人性假设，并且基于新的人学视域拓展课程目标研究的新的理论话语。

一、传统课程中人性假设的反思

传统课程深受知识论哲学的影响，知识论哲学及其所倡导的对象性思维将人看作是种种凝固的“客体”或“对象”加以研究，例如，在课程目标中将人界定为“公民”“人才”“中国人”“劳动者”“接班人”“学生”等。但是在生存论哲学看来，这些人性假设都是把人当作“存在者”来看待，而唯一忽视的恰恰是处于本源性地位的“存在”本身。作为“存在者”，人始终是处于“非本真”的存在形态，沉沦为“非本真的人”。而且，我们越是试图精确地界定这些“存在者”，我们离人的本真存在就会越远。正如赫舍尔（1994）[5] 所说：“我们知道人制造的是什么，但我们不知道人是什么。对人的特点的许多描述，例如把人说成是制造工具的动物或是能思维的动物，都只谈到人的机能，而没有谈到人的存在。我们的全部文明建立在对人的错误解释的基础上，难道不是这样吗？或者说，现代人的悲剧在于人是这样一个存在：他竟忘记了'人是谁'这个问题。难道不是这样吗？不能确定自身的身份，不了解人的真正存在是什么，这使人采取了错误的身份，假装出一副他不可能是的样子，不承认他的存在的基础中的东西。对人的无知不是缺乏知识，而是由于错误的知识。"

下面，我们不妨对一些常见的概念进行透析，以说明知识论哲学在人的理解上的局限性。

（一）学生

"学生"是我们最常用的教育话语。然而从历史上看，"学生"这个词却是近代以来制度化教育的产物。无论中国还是西方，在古代教育阶段，"学生"概念似乎都没有成为唯一的正式教育语汇。例如，中国古代的《学记》使用的是"学者"和"君子"："学者有四失，教者必知之"，"君子知至学之难易，而知其美恶"等。《汉书》则称"博士"和"弟子"："弘为学官，悼道之郁滞，乃请……为博士，官置弟子五十人"。唐朝出现了"学生"概念，但同时也用"生徒"和"生员"。例如《韩昌黎集》中的《请复国子监生徒状》云"国子馆学生三百人皆取文武三品已上及国公子孙"。宋朝也有学生概念，但同时也用"士"和"生员"等。卢梭（Jean-Jacques Rousseau）在《爱弥儿》中虽然也用"学生"，但他同时也经常用"孩子"和"儿童"。卢梭还指出，与"学生"相对应的"教师"概念也是值得反思的。他说："我宁愿把有这种知识的老师称为导师而不称为教师，因为问题不在于要他拿什么东西去教孩子，而是要他指导孩子怎样做人。他的责任不是教给孩子们以行为的准绳，他的责任是促使他们去发现这些准绳。"（卢梭，2001）[28]杜威的教育理论则使用"儿童"，并集中反映在《儿童与课程》的论述中。

"学生"这个词最普遍、最经常的使用应该是在制度化教育的背景之下。制度化教育中的“学生”是一种特定的社会角色，承担特定的权利和义务。而现代大量的教育理论正是建立在“学生”与“教师”这种特定的社会角色假设之上的。例如，教学过程往往被理解为教师的教授过程和学生的学习过程，在这种理解中，“教师”的角色使命是“教授”，而学习则成为“学生”的职责。然而，当我们破除制度化教育所塑造的刚性的师生角色之后，不难发现，更本源的教学过程其实是人与人之间的对话与协商过程。在对话中，不仅儿童需要学习，成人同样也需要学习。将“学习”的职责赋予“学生”，而将“教授”的职责赋予“教师”，这其实已经误解了教学的本质。

从现象学的视野来看，“学生”与“教师”只是人生在世的一种存在方式，而且还不是最本源的存在方式。这是因为，“学生”与“教师”的角色与话语都是在制度化教育的特定场域中形成的。福柯指出，一种话语的权威性不是由话语本身赋予的，而是与话语所牵涉的制度化的权力空间密切相连。同样，“教师”的权威是由“学校”这一制度化的场所所赋予的，一旦学生走出校园，我们马上就能体会到比学生与教师的关系更本源的存在方式是人与人的关系。

“学生”只是儿童在教育生活中的一种存在形态，同样，“教师”也仅仅是教育者在教育生活中的一种存在方式。在现象学的视野中，个体的存在所具有的最本质的特点是丰富性、多元性。例如，教育者不仅仅是“教师”，还可能是学习伙伴、顾问、代父母、管理员等角色。而儿童在教育生活中也不仅仅是“学习者”“学生”，还有可能是“游戏人”“文化人”“制造人”等。而且正是“游戏人”“文化人”“制造人”等角色或形象才体现出人的本性是生成的而不是给定的，是多样的而不是同一的，是异质的而不是均质的，是开放的而非封闭的，是变化的而非僵化的（石中英，2002）[113]。

（二）认知者

儿童不是作为完整的人，而是被当作知识学习的认知者，通过运用自己的逻辑智能来接受或探究知识。这种观点建基于认知主义心理学和认识论的传统哲学。

早期的认知心理学是格式塔心理学。格式塔心理学家往往倾向于使用知觉方面的术语来解释学习的本质，他们认为，学习即知觉重建或认知重组，于是，学习与知觉、认知几乎是同义语。而当代的认知心理学则是以信息加工观点为核心的心理学，因此又被称为信息加工心理学。所谓信息加工观点，就是将人脑与计算机进行类比，将人脑看成类似于计算机的信息加工系统。也就是说，信息加工心理学的核心隐喻是将学生比作“计算机”，因此，其研究的范围也主要是人的认知侧面的因素，例如感知觉、注意、表象、记忆、思维和言语等心理认知过程。在认知心理学的视野中，儿童被看成是进行信息的获得、储存、加工和使用的活的计算机。

但是，认知心理学关于人与计算机的类比也受到许多学者的质疑。例如，诺曼（Norman）认为，将人看作符号系统是不够的，人还有更多的东西，人是有生命的有机体，具有生物的基础和演化的历史，人还是社会生物，他与其他人和环境存在相互的作用。诺曼指出，有生命的个体和人工信息加工系统虽然有许多相似之处，但同时也有许多差异，因为有生命的系统（人）除了认知系统外，还有调节系统，调节系统体现出生命体具有目的、愿望和动机，能选择有趣的任务以及与目的有关的作业等。对生命个体来说，认知系统是服务、服从于调节系统的。诺曼提出应该以调节系统为主体来构建新的认知系统，从而体现对人之完整性的观照。诺曼的观点可以说正触及了认知心理学的薄弱之处：有关人的机器隐喻难以把握人的情绪、需要、动机、能力、性格等心理现象。这也说明，撇开人的社会的和生物的特性而进行人与计算机的类比是有局限的（汪安圣，1992）[23]。

而传统的认识论、知识论哲学更是诱导了将儿童视作认知者的倾向。认识论是西方近代哲学的主题，在认识论哲学中，心灵、灵魂、意识、理性等是最常见的探究核心，而身心之间的紧张关系则是认识论哲学的根本弊端。

柏拉图明确地称，身体是“灵魂”的坟墓。而笛卡尔则是身心二元论的典型代表。笛卡尔认为，“我”的本质是非广延的“思”，而不是作为广延物的身体，所以，“我”可以去掉胳膊和大腿，但我还是我，因为“我之为我的那个东西”是我的精神或我的灵魂，没有身体，“我”也照样可以存在。笛卡尔对此还进行了论证，他曾明确地说，当从身体截去一只腿或胳膊时，肯定从我的精神上并没有截去什么，它并没有妨碍我思的进行。笛卡尔的身心二元论与近代科学发展中自然的“祛魅”紧密相关，也就是说，身体在对象性思维中变成客体，变成科学（医学、生理学）研究的规律性的事实领域，而丧失了本身所具有的灵性（陈立胜，2002）。

以尼采为开端的现代西方哲学则力图打破这种身心二元论的、理性主义的神话，强调人不是一个简单的认知体，不能被简化为“意识”或“理性”。例如，尼采喊出了“回到身体”的口号，他主张用“身体主体”来取代传统知识论哲学的“意识主体”。叔本华则认为，世界的本质不是理性、意识，而是意志和表象。梅洛-庞蒂则从现象学角度将“现象之身”提升到哲学本体论的高度，传统的身体“工具”的概念被彻底抛弃。在梅洛-庞蒂看来，身体不是单纯的工具，而是意义世界显现的场所。“我们的身体是活生生的意义的扭结，而不是一定数量的共变项的规律。”（梅洛-庞蒂，2005）[200]“身体是在世界上存在的媒介物，拥有一个身体，对一个生物来说就是介入一个确定的环境，参与某些计划和继续置身于其中。”（梅洛-庞蒂，2005）[116]总之，现代西方哲学的主流是对近代意识哲学、心灵哲学或者说理性哲学的一种超越。

儿童作为认知者，在教育史上具有很长的历史渊源。以赫尔巴特、凯洛夫等为代表的认知主义教育理论就将儿童描画为“认知者”。赫尔巴特的教育理论是建立在统觉论心理学基础之上的，统觉论心理学是传统的联想主义的观念心理学，从哲学上说仍属于认识论哲学的范畴。所谓“统觉”，是指人在经验中获得了一定的观念，于是在吸收新的观念时就依靠这种旧的观念来同化新的观念，形成观念体系或“统觉群”。从统觉论心理学出发，赫尔巴特强调观念，并认为人的其他心理机能，如情绪、意志、思维、想象等，都不过是变形的观念，这实质上是对完整的人的简化。因此，赫尔巴特的教学理论实质上也是一种认知教学理论。

结构主义教育理论的代表人物布鲁纳的思想转变历程尤其值得一提。在早期的结构主义课程改革中，布鲁纳作为认知心理学家，他更重视认知结构的重要性。在关于课程编制的论述中，他指出，课程编制主要有双重任务：“第一，怎样改革基础课和修改基础课的教材，给予那些和基础课有关的普遍的和强有力的观念和态度以中心地位。第二，怎样把这些教材分成不同的水平，使之同学校里不同年级不同水平的学生的接受能力配合起来。”（布鲁纳，1982）[37]由此可见，早期的布鲁纳主要是从认知心理学的立场出发来思考课程问题，更多的是关注学科结构和认知结构，并由此建构出结构主义的课程改革方案。不过，结构主义的课程改革似乎在实践中并未取得应有的效果，而布鲁纳也从改革的反思中不断修正自己早期的观点。在《教育过程》发表10年之后，布鲁纳写了《教育过程再探》一文，并对认知取向的课程改革进行了反思。他说：“1959年正是我们非常担心我们的学校缺乏智育目标的时候，……我们特别忧虑的是，我们不能造就足够多的科学家和工程师。”（布鲁纳，1989）[430]而到了20世纪70年代，美国教育的问题不再是知识问题，而是如何激发学习动机以及如何恢复首创精神，“首先考虑的是如何使人们向往学习事事物物，如何使这种重要而艰难的学习任务坚持不懈，激起兴趣”（布鲁纳，1989）[436]。在20世纪70年代发表的另一篇文章《心理学与人的图像》中，布鲁纳更是对传统的科学主义心理学进行了深入批判，他指出：“反心识论、倾向于老式的实证主义、拒不考虑文化对人类行为的模造力量——这三种紧追不舍的历史习惯，使心理学看起来叫人莫名其妙。”（哈里斯，1994）[51]他反对将人还原为机器，而主张将人看成是携带着“心识、意图与文化”的生命体。（哈里斯，1994）[54]

（三）人才

学校课程往往将培养目标定位为培养人才。从社会学的角度看，人才至少包含两层含义：一是专门化，人才必须接受专业知识的训练，体现出专业化、技术化，这就必然带来基础教育阶段课程的分科，甚至导致“深、难、重”的传统旧习；二是精英化，人才不是普通的老百姓，而是拥有一定的“文化资本”的社会精英。很明显，人才的定位与中国基础教育大众化的背景是背离的。人才定向是传统精英教育的产物，而大众教育则主张学校教育应该重在引导学生“成人”。在工业社会，“成人”比“成才”更显紧迫，这是因为工业化的发展虽然带来了物质的极大繁荣，但是工业社会也导致了价值虚无、道德滑坡、家园失落等伦理道德问题，从而更显现出“成人”的重要。

从生存论哲学的角度来看，“人才”概念体现出技术对人的一种“限定”，是对人之丰富性的一种凝固化、功能化，因为技术性思维所理解的“人才”即是“专业技术人才”，对人才的界定是从技术的角度、狭隘专业的角度和对象性思维的角度进行的一种功能性界定。人由此被“塑造”和“限定”为一种功能，而丧失了人之为人的本源的完整性。海德格尔(2004a)[307]指出，“技术统治之对象事物愈来愈快、愈来愈无所顾忌、愈来愈完满地推行于全球，取代了昔日可见的世事所约定俗成的一切。……人之人性和物之物性，都在自身贯彻的制造范围内分化为一个在市场上可计算出来的市场价值。……因此，人本身及其事物都面临着一种日益增长的危险，就是要变成单纯的材料以及变成对象化的功能”。可以说，仅仅关注“人才”塑造，这是对人之人性的一种窄化，即在技术性思维的框架下，将人的无限的精神潜力窄化为逻辑智能，使人丧失了与世界的多方面的联系。

雅斯贝尔斯也曾深刻批评了这种仅仅关注人才培养的功利性教育观念。他说：“人们所理解的教育只是将青年人培养成有用之才。当某一科学被运用于经济之中时，这门科学马上身价百倍，人们为了获利，纷纷追求它，并在学校中推广这一学说。研究者和教师也以此要求编入新教材中。……今天我们关心科技人才的培养，但对此我们必须小心从事，因为我们为科技人才的匮乏而震惊，而其所造成的后果却变得模糊。为了科技、经济和军事的目的，人们愿意将巨大的财力物力放在教育上，但不论在苏联或者西方，科学价值的评价与精神价值的评价不可同日而语。……培养出来的科技人员只是服务于某些目的的专业工人，他们并没有受到真正的教育。因为技能的训练、专业知识的提高还不能算是人的陶冶，连科学思维方式的训练也谈不上，更何况理性的培养。”（雅斯贝尔斯，1991）[50]

二、“本真的人”与课程目标

生存论哲学对人的理解具有与知识论哲学截然不同的路向，雅斯贝尔斯做了深刻的分析。他指出，“人只能通过两条途径去接近他自身”：一条是知识论路向，即把人看作“客体”和“对象”，这种研究虽然积累了大量关于人的“科学”知识，但是却永远不会通达“整体的人”自身；另一条是生存论路向，即将人看作是非对象、非客体的自由存在，并“在自己的思想和行为的最初根源中体验”存在。（雅斯贝尔斯，1988）[43]这两种路向的差异为我们重新理解课程目标开辟了新的方向。

在生存论哲学看来，课程所要培养的人首先不是某种固定的社会角色（比如政治人、经济人、技术人等），而是在日常生活中不断地领会着自己的生存意义、提升着自己的生存境界的“本真的人”。知识论哲学对人的种种功能化、角色化，其实都是对人之本真存在的背离。课程目标要建构本真的人的形象，应该包含如下要义。

（一）本真的人与本源性存在

“本真的人”首先是本源性的存在。生存论哲学认为，在人的诸多存在样式中，有奠基性与被奠基性、始源性与派生性、优先性与从属性之别，倘若以后者掩蔽和覆盖前者，必然导致“人的存在”被遗忘。生存论哲学的重大使命就是要解除这种障蔽，彰显前者对于人的生存所具有的“基底”性意义。借用胡塞尔的著名说法，生存论哲学就是要把覆盖在人身上的种种障蔽“悬置”起来，以回到“人本身”。由此可见，人之存在的本源性是指人的存在样式的基础性、非派生性与自明性。在生存论哲学的视野中，像“政治人”“经济人”“社会人”等都不是人的最本源的存在，因此，都不能成为深入理解课程目标的根本依据。

举例来说，我们并非始终都是一个“政治人”，并非时时刻刻都在以意识形态的眼光打量着我们的生活，因此，“政治人”的存在样式只能是人的派生性的存在样式。如果强行将课程目标建基于这一人性假设之上，只会导致“非本真的人”。过去，我们在教育中正是由于忽视了人的本源性生存，结果往往带来各种形式的机械强加。例如，在语文学习中，我们往往从生活以外来理解课文的“意义”，将“意义”看作附加的、外在的。比如，在小学语文教学中，每当讲到革命英雄的感人事迹如《火烧邱少云》和《董存瑞炸碉堡》等课文，教师总会引导学生脱离生活展开想象：“假如你是董存瑞，你会怎么想?”等。这种脱离生活的抽象假想往往给学生留下抽象的崇高、伟大，其所培养的人只能是“非本真的人”。在下面的叙事中，教师的角色冲突也反映出人之本源性存在的意义。

在大部分的教书生涯中，我都以“超等老师”这一角色来约束自己。我的意欲看来很合理，我要竭尽所能做一个最好的老师。可是时不时由于灰心与厌倦，我也会搁下我的角色而出以自己的原来面目，此时，我与学生间的关系便有所改变，变得较接近、较亲密、较真实了。这又使我担忧，因为过去人家教我跟学生保持距离，警告我“亲密产生轻蔑”，倘若学生对我看得太清楚，我将无法去控制他们。然而担忧归担忧，我却发现一旦我搁下自己的角色，我便能真正地教，学生也能真正地学。而有时在这种情况下，学生有令我不快的言行，我又只得重新拾起教师角色以维持秩序，或对他表达我的不悦。若干年来，我就在这两端间游移不定。扮演教师角色时，我才能维持秩序；恢复自我时，我才能好好

教书。(傅道春，1999)[105]

课程要凸显人的本源性存在，就需要使课程的内容能够关联人的生存境遇、体现人的生存困境，从而引导教师和学生主动地展开自我生存的反思。这同时也意味着课程设计的起点必须要发生根本的转变。传统的课程设计往往强调目标导向，通过对教育目标的层层分解，从而发展出具体的课程方案。这种课程设计仅仅关注知识教育的有效性，却与师生的生存境遇完全剥离。生存论哲学则认为，人生在世的基本状态是"操心"和"关切"，唯有与我们的"操心"相关联的事物才能进入我们的视野。因此，课程设计的起点乃在于儿童的生存关切，课程的内容应该植入儿童现实的生活世界之中。

（二）本真的人与自由性存在

本真的人也是自由性的存在。自由是海德格尔哲学的一个重要的主题，并表现在他对一系列概念的诠释之中。例如，在海德格尔早期的著作《存在与时间》中，他指出，人从沉沦到本真的超越必须倾听内在良知的呼声。他分析了良知的呼声性质，认为这种呼声体现着一种自主、自由的决断。在良知的呼声中，"此在被召唤向何处？向其本己的自身。不是向芸芸公论认为此在所当是、所能做和所操劳的东西，更不是向此在已把握了的、已投身于其中的、已由之载沉载浮的东西"(海德格尔，2006)[313]。在后期的作品中，海德格尔将"栖居"视作人之存在的根本特征，并认为"栖居"的本质就是自由。正是在自由的意义上，海德格尔(1990)[134]指出，"栖居"和作诗是一而二、二而一的，因为"诗"与"居"都呼唤着人类的自由精神和能动创造，因此，作诗的本质就是栖居的本质。如果说自由是本真的人的存在形态，那么非本真的人的根本特点就是如弗罗姆所说的"逃避自由"，逃避自主的决断和自由的运思。

本真的人及其自由性存在凸显了课程与自由的主题。传统的课程强调规训与控制，因而没有给儿童留下自由的空间。多尔对近代以来的课程观进行了深度分析，他指出工业管理领域所形成的“控制”理念已经渗透到课程的方方面面，“控制”甚至已经成为“课程的幽灵”。例如，“在城市中的每一个地方，每个学生——不管其年龄、经历、前途，也不管其身体或精神状况等如何千差万别，他们的学习材料在种类、数量和顺序上都是完全一致的”（派纳，2008）[266]。

课程要凸显自由的主题，就意味着必须给儿童更多的选择机会、更多的创意表现，因为只有在主动的选择和决断、创意性的想象和表现中，人之自由性存在才能得以显现。以课程目标的取向为例，课程学者艾斯纳（Eisner）指出，传统课程的目标取向主要是行为目标，行为目标的主要缺陷在于过分注重课程的预设、过分关注外显的学习行为，忽视了课程的生成性以及人的发展的完整性，因而注定会限制人的自由。艾斯纳呼吁在教育中使用表现性目标。所谓表现性目标，是指每个儿童在具体的教育情境中所产生的个性化表现。它追求的是儿童反应的多元性，而不是同质性，重视的是学习者首创精神的发展。典型的表现性目标如：考察与评估《老人与海》的重要意义；在一个星期里读完《红与黑》，讨论时列出对您印象最深刻的五件事情；参观动物园，讨论在那里看到的最有趣的几件事；等等。意大利瑞吉欧早期教育方案就非常重视表现性目标在儿童早期教育课程中的运用，瑞吉欧教育理念的创始人马拉古奇还专门撰写了一首诗《不，一百种是在那里》来表达对儿童首创精神与自由发展的肯定。（爱德华兹 等，2006）[1]

孩子
是由一百种组成的。
孩子有
一百种语言，
一百只手，
一百个想法，
一百种思考、游戏、说话的方式。

一百种，总是一百种倾听、惊奇和爱的方式，
一百种歌唱与了解的喜悦。
一百种世界，
等着孩子们去发掘；
一百种世界，
等着孩子们去创造；
一百种世界，
等着孩子们去梦想。
孩子有
一百种语言……

（三）本真的人与超越性存在

本真的人还是超越性的存在。教育的本真任务是引导学生“成人”。“成人”就必须剥除覆盖在人身上的种种遮蔽，实现对人的沉沦状态的“超越”，以趋向和确立真实的人的形象。就此而言，“生存”代表着一种超越的可能性和一种“成其所不是”的意向。这种超越是“内在”的而非“外在”的，它不是向外无限的扩张和膨胀，而是标志着生存境界的彰显、生存意义的绽露。对此，海德格尔的论述十分深刻，他指出“此在在生存论上就是它在其能在中尚不是的东西。只因为此之在通过领会及其筹划性质获得它的建构，只因为此之在就是它所成为的或所不成为的东西，所以它才能够有所领会地对它自己说：‘成为你所是的！’”（海德格尔，2006）[170]。

在海德格尔（2006）[45]看来，生存的本质就是超越，而“现象学的真理（存在的展开状态）乃是超越的真理”。雅斯贝尔斯（2005a）[72]也说道：“凡没有超越性的东西，就丧失一切作用；它仅只把时间混过而已，或者对它自己根本不自觉，或者自觉其等于零。……因此，当我们在我们的本质里经验到，超越对我们来说就是对一切实存的突破、就是现实时，在这样的瞬间，我们的存在意识就产生飞跃。”至于萨特，更是把人

的自由超越性视为人的基本规定。失去了“超越性”，也就等于失去了人“成为人自身”的可能性。

本真的人及其超越性存在，意味着课程需要有超越的向度。传统的课程往往被视作平面化的知识载体，学习的过程也容易被简化为对知识表层符号的理解和记忆，这种课程观难以体现超越的向度。为此，课程的观念需要转变，课程知识应该被视作人类自己的“精神作品”，看作人类自身精神力量的展现。课程知识凝固着人类巨大的精神力量，体现着人类对真、善、美的无止境的追求。学习的过程是作为个体的学习者与整个人类的精神世界相遇与对话的过程，也是唤醒自身的内在精神、提升自身的生命境界的过程。

哲学家卡西尔（Ernst Cassiren）就反复强调，我们不能把知识“看作我们在学校所学的那种枯燥乏味的东西”，而应该“看作是对活生生的思维和表达形式的探究”（卡西尔，1988）[29]。以神话为例，神话作为人类所创造的文化现象，不能肤浅地将之理解为愚昧或荒谬。卡西尔（2004）[117]就指出，神话反映的是原始先民对生命统一性的坚定信仰，他认为从某种意义上说，整个神话可以被理解为就是对死亡现象的坚定而顽强的否定。同样，文学也不能简化为语法知识或语言词汇，文学背后体现的是人的境界与追求。正如王国维《人间词话》所指出的，“词以境界为最上。有境界则自成高格，自有名句”。文学作品的高下就反映在作者不同的境界之中。总之，种种知识与文化的形式，其背后都蕴含着人类的精神力量。因此，教育的重要任务不是占有知识，而是精神陶冶。雅斯贝尔斯对陶冶的价值做了深刻论述。他指出，占有知识不等于精神陶冶，占有知识只不过是习得精神内容的代名词，对人而言也只是一种外在的财富。但是，精神陶冶则重在改变人，帮助人成为他自己。“决定教育成功的因素，不在于语言的天才、数学的头脑或者实用的本领，而在于具备精神受震撼的内在准备。”（雅斯贝尔斯，1991）[109]总之，学习的意义，就在于让儿童“拥有一个精神世界”。

第二节 课程目标的内容架构

传统知识论哲学局限于唯物主义与唯心主义的紧张对峙，并由此造成种种形式的二元论：认知与情感、身体与心灵、知与行、理性与非理性等。但是现实生活中的人却是完整的人。举例来说，如果我在切菜时不小心划伤了手指并感到疼痛，在这里，疼痛既不仅仅是精神的，也不单纯是肉体的，当我感到疼的时候，我本身就是身与心的合一，我是以完整的人去感受疼痛，而不是作为一个“理性人”或者说“生物人”来接纳疼痛。正如雅斯贝尔斯（2005a）[15]所说：“人的本质不仅限于作为世界上的一种生物而可以由人类学加以研究的那种东西，也不仅限于他的实存、他的意识、他的精神。他是这一切样式，而如果缺少了他这些存在样式中的任何一个，他就归于消灭或趋于枯萎。”

生存论哲学则试图通过回归日常生活来重建人的完整性，特别是要从人的本源性的存在出发，挖掘人之本源性的生存力量与生存智慧。生存论哲学对人之生存能力的理解有利于我们更深入地理解和重建课程目标的内容体系。

一、直觉

在道德教育中，我们往往重视理性的道德判断，而比较忽视非理性的道德直觉。这一点，在传统的经验论和唯理论哲学中都有鲜明的体现。

经验论者认为，道德直觉如内疚感、责任感、良知等不是一种真实存在的心理现象，而只是特定语境下的词语的特殊用法。在经验论者看来，我们虽然使用了“感”（例如内疚感等）这个词，但在心理意识中是绝无这样的“感”存在的，通过语言分析，可以把这样的“感”消解掉，也就是还原成某种机械的、可测量、可操作的外显行为。而唯理论者则认为，直觉是认识的较低级的形态，是不准确的、模糊的，只有借助理性认识才能更好地把握外在的世界。

但在生存论哲学看来，道德直觉是人类最本源的生存智慧，如海德格尔的“良知”、舍勒（Max Scheler）的“伦常明察”等都是道德直觉的具体体现。生存论哲学认为，我们在日常生活中，并不是首先通过道德推理来打量世界，而是首先借助道德直觉来领会世界。例如，对于一个说谎的人来说，他知道说谎和欺骗是不道德的，但是出于利害关系的考虑，他还是说了谎。用舍勒的话说，我们每个人都会借助伦常明察来领会什么是善，什么是恶，伦常明察比伦理学更为重要，因为“伦常的意愿尽可不必以伦理学作为它的原则通道——很明显，没有人通过伦理学而成为‘善的’但却必须以伦常认识和明察作为它的原则通道”（倪梁康，2005）。

道德直觉之所以是更本源的，是因为日常生活的基本特征是重复性，正是重复性形成了我们的道德直觉。例如，对于那些在长期的生活实践中反复遇到的行为，如拯救生命、不杀人、不偷盗、不欺骗等，由于长期的文化传统的影响和道德教育的积淀，人们形成了直觉式的价值判断，并能依靠道德直觉迅速地做出决断。而道德推理只有在我们遇到陌生的、复杂的道德情境时才是需要的。例如，环保问题对于我们来说是一个全新的问题，我们过去不知道扔弃废电池会污染土壤，使用氟化剂的冰箱和空调会破坏臭氧层等。对这类道德行为的判断就需要经过道德推理。但是随着环境意识的加强，对于那些常见的破坏环境的行为，我们又会形成新的道德直觉。从这里也可以看出，道德直觉并不是纯粹先天的，而是在后天的社会环境中形成的。

同样，科学直觉也常常受到传统知识论哲学的忽视。海德格尔以“讲台”为例进行了分析。他说，由于我们长期浸淫于知识论哲学之中，当我们面对讲台，我们总是以为自己先看到了一些平面，然后是箱子，然后是桌子，然后才是讲台。这种“理论化”的“看法”其实是对现实的歪曲。事实上，“我是几乎一下子就看见了这个讲台；我不只是孤立地看到它，我看到这个桌子，它对我来说放到太高了。我看到上面放着一本书，直接对我造成妨碍（是一本书，而绝不是一些堆叠起来的散页，上面撒上了黑色的污点），我在一种定向、光线中，在一个背景中看到这个讲台”（孙周兴，2006）[54]。

科学直觉蕴含在科学发现之中，但是在以追求确定性为旨趣的知识论哲学视野中，科学发现却一直是一个被忽视的问题。知识论哲学的典型代表——逻辑经验主义对科学的探讨主要集中于科学命题与科学理论的语义分析，它聚焦于科学辩护，而忽视科学发现。例如，赖欣巴哈（Hans Reichenbach）就说道：“对于发现的行为是无法进行逻辑分析的；可以据以建造一架‘发现机器’，并能使这架机器取天才的创造功能而代之的逻辑规则是没有的。但是，解释科学发现也并非逻辑家的任务；他所能做的只是分析所有事实与显示给他的理论（据说这理论可以解释这些事实）之间的关系。换言之，逻辑所涉及的只是证明的前后关系。”（赖欣巴哈，1983）[178]在逻辑实证主义哲学的影响之下，教学过程理论同样也仅仅关注认识的确定性而忽视认识中的不确定性，其表现形式就是重视知识的逻辑证明而轻视知识的发现过程。

事实上，科学发现中的非逻辑因素是科学发展的极其重要的组成部分。爱因斯坦（Albert Einstein）在谈到探索那些高度普遍的定律时说，“要通向这些定律，并没有逻辑的道路；只有通过那种以对经验的共鸣的理解为依据的直觉，才能得到这些定律”（爱因斯坦，1976）[102]。由此可见，科学发现往往源于直觉的猜测。英国科学哲学家波兰尼（Michael Polanyi）则区分了人类的两重知识：言传知识与意会知识。二者分别表示概念化活动和体验活动。波兰尼非常重视意会知识，认为意会知识是一切知识的主要源泉。而意会知识的获得同样也要依赖于直觉。教育心理学家布鲁纳则将直觉思维与分析思维并列，而且更强调直觉思维的重要性。他批评现行教学忽视直觉思维，例如，中学几何学教学中片面地强调对技巧、形式的证明，中学物理教学中也是按照演绎和分析方法来讲授等。他引导我们反思，在学校的学习和学生的考试中，非常注重清晰的系统陈述以及学生用言语或数字形式进行复现的能力，这些是否会妨碍学生直觉理解的健全发展？他提醒说：“数学家、物理学家、生物学家和其余人士在他们各自的领域里，都强调直觉思维的价值。”（布鲁纳，1982）[67]我国数学家吴文俊院士也指出，数学教育要重视数学直觉。例如，几何学能给人以数学直觉，因此，不能把几何学等同于逻辑推理，“只会推理，缺乏数学直觉，是不会有创造性的”（吴文俊，1993）。

最后，艺术直觉也是人类与生俱有的重要潜能。法国哲学家、美学家马利坦（Jacques Maritain）指出，人类不仅有逻辑的理性，同时也有直觉的理性，而且直觉的理性是比逻辑理性更本源的理性。“这种智性是远远超出于概念和逻辑之上的，它自身在与想象和情绪的重要联系中活动。”（马利坦，1991）[66]他呼吁说，真正最优秀的艺术应该从概念的、逻辑的、推论的理性中解放出来。马利坦还分析了与艺术直觉相联系的诗歌的诗性意义，他指出，诗歌的诗性意义比概念意义更重要，正是诗性意义才使诗成其为诗，而古典传统对概念明晰的强调，导致了大量平庸诗的产生。他借用美国诗人麦克利什（Archibald Macleish）的一首诗来表达对诗歌的诗性意义和诗人的诗性直觉的推崇（马利坦，1991）[203]。

一首诗应该默不出声但可以触摸得到的
像一只浑圆的果实
它喑哑无声
像拇指抚摸那古老的圆雕纹饰
……
一首诗应该缄默无语
像群鸟飞翔
……
一首诗不应当意味什么
可它存在

二、身体

传统的理性主义哲学重视精神而忽视身体，并且人为地在身体和心灵之间造成二元的对立。对此，17 世纪的思想家斯宾诺莎（Benedictus Spinoza）早就发出了呼吁，他说：“我们整天喋喋不休地谈论意识和精神，但我们居然不知道身体能作什么，它具备何种力量以及为何要积蓄这些力量。”（德勒兹，2001）[58]现代哲学家则进行了更加尖锐的抨击。例如，尼采（1991）[205]就主张哲学思考要回到身体，并认为“对身体的信仰比对心灵的信仰更为根本”。“在你的思想和感情背后，站立着一个强大的主宰，一个不熟悉的智者，那就是——自身。它寄居于你的身体中，它就是你的身体”（尼采，2009）[34]。梅洛-庞蒂指出，身体是我们与世界打交道的基本方式，身体和心灵是一而二，二而一的。

在生存论哲学看来，身体不同于躯体，躯体是一个“祛魅”的客体，是生理学、解剖学、医学等学科研究的客观对象，而身体则是充满魅力和神韵的灵肉统一体。教育学要重视身体，就必须强调知行合一，强调动手实践的重要性。杜威指出，“知”本身是以“行”为核心的。“从科学研究的实际程序判断起来，认知过程已经事实上完全废弃了这种划分知行界线的传统，实验的程序已经把动作置于认知的核心地位”（杜威，2005）[26]。杜威也将知行问题作为《确定性的寻求》一书的主题。贺麟先生也提出“知行合一”说。他说：“知行合一乃知行同时发动之意。据界说，‘知’是意识的活动，‘行’是生理的活动，所谓‘知行合一’就是这两种活动同时产生或同时发动。在时间上，知行不能分先后。不能说知先行后；亦不能说知后行先。两者同时发动，同时静止。”（贺麟，2002）[133]应该指出的是，中国哲学不同于西方哲学，西方哲学长期陷入笛卡尔式的“我思”之中，因而到了现代哲学形态对知行合一思想有迫切的渴望，甚至出现如尼采、梅洛-庞蒂等思想家喊出了“回到身体”的口号。而中国哲学的传统是注重知行合一，例如，朱熹提出的“博学之、审问之、慎思之、明辨之、笃行之”的学习程序，王阳明提出的“即知即行”的主张，王船山“不可离行以为知”的实践论等。因此，在汲取西方思想营养的同时，更应该弘扬中国本土的优秀文化传统资源。

生存论哲学将身体看成是人与世界打交道的基本方式，因此，身体本应成为课程目标的重要内容。欧美课程理论学者以“经验”“核心经验”“关键经验”等词汇来描述课程目标，这正反映了身体进入课程目标的一种尝试。根据杜威的理解，“经验”不是静态的旁观，而是体现着学习者与环境之间积极的互动，换言之，“经验”就是身体参与的行动。与知识、技能、能力等传统词汇相比，“经验”一词更能展现学习者作为完整的生命体所生成的学习体验。

需要指出的是，在教育实践中，我们却常常看到许多反身体的教育倾向。例如，语文课堂中的写作，教师往往引导我们背诵优美的范文，并以此应付各种形式的考试。然而再优美的范文都只是他人身体的折射，“我”的身体始终是缺席的、不在场的。这种写作教学表面看似乎是感性的、具形的，但是其内在的旨趣却是对人的抽象化。事实上，即使在文学创作领域，身体和身体写作也已经成为新的文学动力（谢有顺，2002）[165]。当代著名诗人于坚就主张用“诗言体”来取代传统的“诗言志”。他认为，传统的诗歌创作理论重在“诗言志”，但杰出诗人创造的无不是体，是自成一体，而不是自得一志。在“诗言志”的视野下，诗只是为了说出志，诗本身反而成了次要的，变成了工具和手段。“诗言志”使诗歌成了没有身体的语言游戏。总之，在于坚看来，“诗言志”只是诗的派生功能，“诗言体”才是诗的本源性特质。“诗并不是抒情言志的工具，诗自己是一个有身体和繁殖力的身体，一个有身体的动词。”（于坚，2005）[68]诗歌所传达的“志”必须要依托于具体的身体，如果离开身体来随意言“志”，这种“志”就是空洞而虚妄的。于坚将这种没有身体的写作称之为“无体写作”，而由此催生的也只是“一具没有身体的诗歌尸体”（于坚，2005）[69]。

以作文教学为例，笔者以为，现行中小学作文教学的最大弊端乃在于“身体”的缺位，具体表现在三个方面。第一，作文的目的在于应付考试，而不是为了生活所需。由于离开了学习者真实的生活体验，这种作文往往千篇一律。例如，一写到父母之爱，很多作文就会写父母在雨天为自己送伞、早上早起为自己做饭等，情节雷同、感情平淡，难以体现生活中的真情实感。第二，作文教学过分强调“立意高远”“主题深刻”，而忽视学习者现有的认识能力和感受能力。儿童由于其认识能力和生活经验的局限，对生活事件的理解往往难以达到成人的高度，如果在作文写作中过分强调立意深刻，就容易使儿童忽视自己真实的生活体验，而一味地迎合成人的需要，这样的作文表面上看起来似乎有“深度”，实质上却不过是媚俗的表现。第三，作文教学过分强调写作技法，而忽视写作素材的点滴积累。有些语文教师片面强调背诵好词好句，作文评价也片面强调用词的规范和优美，忽视写作的本意在于表达真情实感。

对于作文教学中儿童身体缺位的现象，叶圣陶先生其实有过深刻的批判。他指出，传统作文教学的最大弊端在于：“为对付题目而作文，不为发表积蓄而作文；根据程式而决定形式，不根据内容而决定形式；这正是道地的八股精神。”（叶圣陶，1993）[65]温儒敏教授也对这种八股式作文提出了批评，他指出：“现在有很多作文书，不宜让学生多看，看多了，匠气就来了，而且兴趣也就没有了，套式作文还不利于健全情感与人格的培养，还可能养成说空话大话的弊病。”（温儒敏，2010）[18]

三、情感

情感也长期受到理性主义哲学传统和认知心理学的忽视乃至排挤。在传统的学校课程目标中，认知目标往往被视为最重要的目标，而情感目标则只能处在辅助性的地位。课堂教学理论也仅仅关注认知过程，忽视情感过程。例如，传统的教学理论将教学过程归纳为“感知、理解、巩固、运用”四个阶段，这四个阶段的划分就是基于对学习者认知过程的理解，因而是典型的认知过程教学理论。

但是，生存论哲学则将情感提到了极高的地位。海德格尔指出，情感是人生在世的一种最本源的存在形态，而认知反而是派生的存在样式。

按照海德格尔的分析，人生在世的整体性结构也是情感，海德格尔称之为“畏”和“烦”。正是情感牵连并展开着世界，指引着我们与世界之内的事物来照面，用海德格尔（2006）[160]的话来说，“现身的有情绪从存在论上组建着此在的世界的敞开状态”。海德格尔还批评了西方哲学思想中长期轻视情感的现象，他指出，“自亚里士多德以来，对一般情绪的原则性的存在论阐释几乎不曾能够取得任何值得称道的进步。情况刚刚相反：种种情绪和感情作为课题被划归到心理现象之下，它们通常与表象和意志并列作为心理现象的第三等级来起作用。它们降格为副现象了”（海德格尔，2006）[162]。舍勒同样也强调情感对于人的生存的重要意义，只不过与海德格尔不同，舍勒更强调积极的情感，例如爱、同情、羞感、悔悟等。

中国文化向来有重视情感的传统，例如，中国的儒家就非常重视情感。孔子就认为，人是情感性的存在，对人来说，情感具有直接性、内在性和首要性。国内有学者认为，情感是全部儒学理论的基本构成部分，甚至是儒学理论的出发点。在儒家看来，所谓意志、欲望、知识等，都与情感有关，而且在很大程度上是由情感需要、情感内容决定的。也就是说，儒家将情感与意志结合起来，发展出了“情意”哲学；将情感与认识结合起来，发展出了“情知”之学等。儒学追求的最高境界是“仁”，但“仁”在本质上是情感的，同时又是理性的，是理性化的情感或情感的理性化。

生存论哲学对情感的分析至少在两个方面启发我们重新理解课程目标。一方面是课程目标的层级架构，在生存论哲学看来，教育的最高目标不是认知能力的发展，而是情感的陶冶，是道德感、理智感和美感的满足。情感已经在一些发达国家的课程目标中得到了充分的重视和体现。例如，美国国家研究理事会在 20 世纪 90 年代颁布的《国家科学教育标准》（以下简称为《标准》）第一章指出：科学素养之所以如此重要，首先是因为懂科学能给人以惬意感和兴奋感，并认为这是每一个人都应从科学教育中分享到的好处。由此出发，《标准》认为，科学教育的目标首先是“培养学生能由于对自然界有所了解和认识而产生充实感和兴奋感”，而后才是科学方法、科学技能、科学知识等。另一方面，关于情感教育的内容，我们往往容易重视积极的、正面的情感，而相对忽视消极的、负面的情绪。但是，海德格尔的情绪理论却多是低沉的、抑郁的，如畏、怕、烦、好奇、怀疑、惊恐、压抑等，其中少有欢快高昂的情绪样式。在海德格尔看来，人类之所以需要低沉的情绪，是因为我们的时代是一个技术扩张、消费至上的社会，占有、消费、控制、利用……技术文化的一味张扬已经搅乱了现代人的心神，使我们缺乏必要的持守力量和心灵定力（孙周兴，2004）。因此，有理由认为，教育不仅应该培养学生正面的情感，如舍勒所强调的“爱”等，同时也应该引导学生体味“畏”“烦”等低沉情绪所蕴含的思想之重量与生存之定力。

第三节 课程目标的价值抉择

生活是教育的基本主题，什么样的生活是好的生活，或者说课程应该引导学生过怎样的生活，这也就成为课程目标必须面对的价值抉择。生存论哲学将人界定为意义性生存，因此，生存论哲学所理解的生活是一种精神生活，而精神生活的最高旨趣就是对幸福的追寻。

一、精神生活的意义与价值

生存论哲学将重建人的精神生活看作是克服人之异化危机的根本举措。例如，海德格尔在早期的著作《存在与时间》中抨击常人精神生活的危机。他指出，在非本真的生活中，“此在迷失于常人所操劳之事，……日常生活把此在当作某种上到手头的东西来操劳、亦即加以管理结算的东西。‘生活’是桩‘经营’，也许赢利也许蚀本”（海德格尔，2006）[331]。也就是说，常人（非本真的人）沉沦于世俗生活之中，并且往往以各种世俗的功利性标准来衡量人生的得失成败。海德格尔为常人找寻的出路是自觉地倾听良知的决断、勇于做出自主的选择。海德格尔这一早期思想并没有超越传统的主体性哲学的羁绊，他早期理论上的这一缺陷是导致存在主义教育失败的最重要根源。但是他的良知思想却反映出本真的人的基本特点，那就是不断地探询和领会生存的意义，不断地建构精神的家园和可能的生活。

生命哲学学派同样也关注人之存在的精神生活。例如，奥伊肯认为，生命的本质不是人的感性本质，而是人的精神生活，是超越感性直观的精神。面对技术社会人类精神家园的失落，奥伊肯（2002）[1] 在他的著作《新人生哲学要义》的序言中深有感触地说："现如今的人生的确彰显出一种严重的不一致性，即在物质生活方面，丰富而有成果的活动数不胜数；但在精神生活方面，则充满了不确定性和贫困性。"为了重建生存的精神家园，奥伊肯强调精神生活具有特殊的生命意义，精神生活是独立于物质生活的生活世界。"精神生活不是所有其他功能中的一种特殊功能，也不是一个更全面的世界的一部分或一个方面，而是它本身就是一个世界，而且其中的生活确实首次变成了自觉的和完整的现实世界。如果人类能立即拥有这一世界，那么人类生活必然会发生深远的变化，实则是正常状态下的一场变革。"（奥伊肯，2002）[260]奥伊肯指出，正是在精神生活中，人类才发现了自己本真的存在。"如果人处于精神生活中并意识到自身的独立性，就必然会使精神生活形式成为人类自己的生活形式，并由此改变那种平淡无奇的日常生活。"（奥伊肯，2002）[261]

中国的禅宗更是重视精神的修炼。禅修重视的是由"戒"生"定"，由"定"生"慧"。禅的方法，首重屏息诸缘，心无旁骛，只有使自己的心志从混乱紧张中安定下来，才可能在虚妄的生活中体验到真实的世界和真实的自我。圣严法师将禅概括为三句话：禅是清净的智慧；禅是无染的心灵；禅是"无相""无住""无念"的精神境界。概括起来可以说，禅所追求的同样也是生命境界的提升。

对精神生活的关注也是许多教育家和教育流派的共同取向。例如，日本教育家小原国芳曾专门论述教育的"心灵化"问题，他把心灵化作为教育的基本取向，认为教育的本质就在于向心灵靠近，越是能够接近学生心灵的教育越是完美的教育。苏霍姆林斯基同样十分重视学生精神世界的建设，他在《学生的精神世界》《把整个心灵献给孩子》等著作中，系统论述了学生精神世界的培育问题。他指出，“教育——这首先是教师跟孩子在精神上的经常接触”（苏霍姆林斯基，1981）[28]，只有与学生精神世界相沟通的教育才是最有意义的教育。德国文化教育学派更是将精神生命看作是文化的深层本质，认为“教育之根和文化之根的寻求，只能通过人的灵魂的唤醒才能实现”（邹进，1992）[73]。鉴于精神生活的重要性，雅斯贝尔斯也将教育的本质视作是陶冶，在他看来，陶冶的性质是“全面地展开精神运动”，是“交流”和“唤醒”，而不是像传统教育那样单向的、被动的、机械的灌输（雅斯贝尔斯，1991）[103]。

二、幸福观的反思与重建

“幸福”概念是当下最流行的概念之一，如“幸福感”“幸福指数”等已经充斥着各种现代传媒。可以说，自古以来，幸福就是人类追寻的终极目标。例如，欧文指出：“人类的一切努力的目的在于获得幸福。”获慈根也说：“只有人类的幸福是绝对的。”但是，幸福概念的内涵却是极其丰富，以至于人们对它的理解也是多元和多维的。从纵向的角度看，历史上不同的学派对幸福有不同的诠释（王健，1997）；从横向的角度看，幸福问题也是多学科研究的对象，心理学、社会学、经济学等学科都对幸福问题有不同的理解（吴淑凤，2004）。

在生存论哲学的视野中，“幸福”往往与精神生活相关联。精神生活视野下的幸福观不同于流俗的幸福观。流俗的观点将幸福等同于快乐、等同于欲望满足后的心理体验。但是生存论哲学则认为，幸福是人生的一种精神境界，是意志的自由。高清海先生所倡导的“类哲学”指出，人有两重生命（自然生命、自为生命；种生命、类生命），有两重本性（物的本性、超物本性），人也有着两重性的存在（实体存在、意义——价值存在），并同时生活在两重性的世界（本然世界、应然世界；自然世界、属人世界；现实世界、理想世界；物质世界、精神世界等）。人之为人的可贵之处就在于人具有类生命，是一种意义——价值性存在（高清海，2001）。“类哲学”强调人的精神生活的存在，强调幸福的本质是一种高尚的精神生活。赵汀阳在《论可能生活》中也指出，幸福不同于快乐，快乐不是生活的全部意义，只是生命道路上的一种局部表现，而幸福则是人生价值的实现，是行为的主动性过程和创造性过程。欲望的满足通常是快乐的，但欲望的满足恰恰意味着这种满足的意义是有限的，过分的满足或重复的满足就会令人厌烦，而幸福却多多益善，所以，幸福只能被理解为一种具有自成目的性、无限意义性、创造性和给予性的生活效果。

教育学尤其需要幸福的概念。这是因为，与其他领域相比，幸福长期以来并没有成为教育学的核心范畴，虽然功利主义倡导“完满生活”的幸福观，但是他们的幸福观却是指向未来生活和世俗生活的。不仅如此，在教育领域，幸福问题还常常被道德问题所遮蔽。例如，中国古代的课程就是泛道德课程，课程的核心是“德”的培养而不是“福”的追寻。儒家学派同样也推崇“德”而不倡导“福”，在儒家的视域中，“德”被看作公“义”，而“福”却被看作私“利”。新中国成立以来，我们对四有新人的概括，强调的也是“德”。

从生存论哲学的角度看，幸福是比道德更本源的问题。道德是认识论哲学的范畴，道德指向的是“应当”，但是正如赵汀阳所说，任何一种“应当”（道德规范）不是不对，而是无根的。哥德尔的不完全定理已经证明，任何一个形式化的理论系统都不可能在其内部找到坚实的逻辑起点，换句话说，任何一种“应当”都有可能被证明是“不应当”。鉴于此，海德格尔在论述生存的意义时，从未谈论伦理、道德问题，不仅如此，在《关于人道主义的书信》一文中，他还反对从“伦理学”“人道主义”等“学说”“学派”“主义”的角度来谈论伦理，因为种种“主义”都是从认识论的角度将世界对象化，都是误导我们站在生活之外看生活，因而，必然造成疏离我们生存家园的危险。

幸福则是生存论哲学的范畴，幸福的生活必然也是蕴含着真、善、美的生活。康德曾对英文 good 的拉丁文词根进行分析，并指出在古希腊，“好”（good）包含着道德与幸福匹配一致的意义，中国人常常将 good 翻译为“善”，却忽视了从“好”和“福”的意境来体味“善”，这就造成我们对“善”的偏狭理解（胡建，1998）。英国学者狄金森（G. Lowes Dickinson）也指出，古希腊人秉持审美与伦理合而为一的幸福观，他们从审美的角度来理解伦理，因此，在他们看来，道德的性质就不是机械地“服从外面的法律”，而是“使组成人类自然性质的各种要素互得其平衡”（狄金森，2006）[114]。康德等人的研究启发我们，幸福是比道德更本源的存在形态，只有从幸福的角度来理解生存，才能丰富真、善、美的意蕴，并使它们相通相融。

三、幸福的追寻：教育学的视域

生存论哲学要求将精神生活的幸福作为课程的重要目标。从教育学的立场来看，幸福作为课程目标，主要包括如下几方面的意蕴。

首先，教育学所理解的幸福是一种能力，即幸福能力。也就是说，幸福具有理性的维度，只有在理性存在的维度才能有幸福的生成。历史上种种感性幸福论，由于忽视或抛弃了人之生存的理性维度，所以往往将幸福等同于感官的快乐或欲望的满足。幸福作为一种能力，意味着它不是触手可得的，而是有一个陶冶、积淀和生成的过程。西方的谚语说“富人进天堂比骆驼穿过针眼还要困难”，中国的俗语也说“没有吃不了的苦，只有享不了的福”，这些都说明幸福需要理性的参与，是一个在后天的教育中不断习得的进程。

其次，教育学所理解的幸福是一种境界，即幸福境界。例如，冯友兰认为，幸福是一种精神境界，不同境界的人对幸福有不同的体验。冯友兰以人对宇宙人生的“觉解”程度不同，将人按照精神境界的殊异分为自然境界、功利境界、道德境界、天地境界四个境界。人的“觉解”程度不同，对生活的意义和幸福的体验也不同。自然境界以满足本能需要的体验为幸福；功利境界以满足个人私利为幸福；道德境界以实践道德、贡献社会为幸福；天地境界以“天人合一”为幸福（冯友兰，1996）[528]。海德格尔则把幸福的境界描述为“诗意的栖居”，在海德格尔看来，世界原本是我们审美的对象，生活原本是充满诗意的，但是“技术的栖居”却使知识、社会和世界蜕变为我们占有的对象，丧失了其诗意的色彩。返回“诗意的栖居”，也就是要求我们自觉地超越占有，进入天人合一、物我相融的澄明之境，唯有如此，世界的丰富意义才能向我们敞开。海德格尔用比喻的手法表述了这一思想。他说：“作诗乃是人之栖居的基本能力”，“作诗建造着栖居之本质。作诗与栖居非但并不相互排斥。而毋宁说，作诗与栖居相互要求，共属一体”（海德格尔，2005）[213-214]。中国的禅宗则将幸福的境界理解为生命的圆融。圆融是佛学上的名词，例如《楞严经》说：“地水火风，本性圆融。”在佛学视域中，圆有圆满、圆熟、圆通的意思。圆融是圆满的融合、圆熟的融合、完全的交融，而不是种种人为的对立（圣严法师，2006）[147]。综上所述，虽然人们对幸福境界的理解和表述不同，但是有一点却是共同的，用哲学家赫舍尔（1994）[82]的话说，那就是超越“占有”，而进入“欣赏”的境域之中。

最后，教育学所理解的幸福是一种生活，即幸福生活。幸福总是蕴藏在生活之内的，这是因为生活本身是自成目的的，因此，我们不可能站在生活之外去寻找幸福。凡是远离我们的现实生活世界的种种幸福诉求，只会变成乏味的说教和机械的灌输，因而，其本身可能就是不幸福。幸福作为一种可能的生存样式，需要我们的课程自觉回归生活世界，只有回到生活、基于生活、为了生活，课程才能成为学生幸福生活的指引。

第五章 “意义的世界”：课程知识的阐释

第一节 知识与存在：教育学的视域

生存论哲学开启了知识与存在问题的新视域，并且要求从人之意义性生存的角度来重新理解知识的本质。在生存论哲学看来，知识不是控制人、压抑人的工具，而是蕴含着生存意义的文化符号。教育的过程不是知识的简单讲授，而应该是“敞亮”和“解蔽”，即敞亮知识所蕴含的意义世界，引导儿童在与知识的对话中思考自身存在的课题。

知识与生存的关联，意味着知识必须降解、还原并融入儿童的生活世界之中。胡塞尔最早发出了“回归生活世界”的呼声，并由此影响了此后的存在哲学家。胡塞尔指出，生活世界是被自然科学遗忘的意义基础。他说，“自伽利略起，观念化的自然就开始偷偷地替代前科学的直观的自然了”，自然科学“为生活世界，即在我们的具体的世界生活中不断地作为现实的东西而给予我们的世界裁剪了一件非常合身的观念外衣”，“这种观念的化装使得方法、公式、理论的本真意义永远成了不可理解的”，而且“即使对于伟大的或最伟大的物理学家来说，这些理论的原本的、原始的、真正的意义仍然是被遮蔽着的，并且必定仍然是被遮蔽着的”（胡塞尔，2002）[237-242]。在胡塞尔看来，当代教育的重要使命就是

"祛蔽"。所谓"祛蔽"，即是回到生活世界，重建知识的生存论基础。胡塞尔尤其强调了忽视生活世界的危害，他指出，当代科学在数学化的过程中日益远离我们的生活世界，科学的"危机"表现为科学丧失生活意义。"实证科学正是在原则上排斥了一个在我们的不幸的时代中，人面对命运攸关的根本变革所必须立即做出回答的问题：探问整个人生有无意义。"（胡塞尔，2005）[7]

需要指出的是，虽然胡塞尔、海德格尔等人都意识到知识与生存的剥离，并且引发了西方教育家对存在问题的关注，但是从教育实践来看，西方存在主义教育家不太重视科学知识对人之存在的意义，认为科学知识远离人的存在。笔者以为，这些认识其实也折射了西方存在主义哲学家在思想上的纠结。以海德格尔为例，他受胡塞尔关于生活世界思想的启发，发展出对生活世界中人之生存意义的探询，并由此建构了存在现象学的理论视域。应该说，海德格尔对科学的理解是站在人之生存的角度的。他指出，诸种科学都是人的活动，因而都是人的存在方式。他说："认识是在世的一种存在方式"（海德格尔，2006）[71]，"认识是此在的植根于在世的一种样式"（海德格尔，2006）[73]。但是海德格尔又说，科学不是人最切近的可能存在方式。也就是说，一方面，我们要从科学中看出人的存在，从人的生存的角度重新理解科学；另一方面，又不能局限在科学世界，因为人的存在的真正根源是生活世界，生活世界才是人最切近的存在样式。海德格尔这些言论正是存在主义教育家不太重视科学课程的一个重要原因。

笔者以为，对西方存在主义教育的重要理论基础即海德格尔的哲学思想，我们应该站在教育学的立场进行审视和借鉴，并从两个方面来重新解读。

一方面，是科学世界、生活世界与教育世界的关系。应该看到，海德格尔并没有将科学世界与生活世界对立起来，而是强调两者的联系。海德格尔和胡塞尔的思想启发我们，如果使科学回归生活世界，则科学同样也是人最切近的存在方式。特别是在当下的技术社会，日常生活的方方面面已经打上了知识的烙印，例如电视、冰箱、空调等的操作与理解都需要掌握必要的科学知识。一句话，现代社会是知识社会，没有知识几乎很难在现代社会立足。因此，教育世界既不是纯粹的科学世界，也不是纯粹的生活世界，而是生活世界与科学世界的沟通与融合。

另一方面，是儿童世界、成人世界与教育世界的关系。作为哲学家，海德格尔和胡塞尔的生活世界学说是指普通人的生活世界，或者说生活世界一般，但是生活世界中的人却是千差万别的。卢梭深刻地指出，儿童的生活世界不同于成人的生活世界。他说："我们对儿童是一点也不理解的：对他们的观念错了，所以愈走就愈入歧途。最明智的人致力于研究成年人应该知道些什么，可是却不考虑孩子们按其能力可以学到些什么，他们总是把小孩子当大人看待，而不想一想他还没有成人哩。"（卢梭，2001）[2]杜威同样也指出了儿童世界与成人世界的差异，并以此作为他的课程理论的基石。从哲学层面说，海德格尔之所以只突出了一般性的生活世界，是因为他对生活世界中人之存在的分析仅仅从时间层面着手，《存在与时间》这本书的标题就已经说明了他的研究思路。但是，人不仅是一种时间性存在，同时也是空间性存在，是空间性的肉身的存在，而在海德格尔的《存在与时间》中，他对人之存在的肉身的描写仅仅是谈到"手"，即"上手状态"与"应手状态"。梅洛-庞蒂的身体现象学则力图恢复身体在生活世界中的地位，并从身体差异出发，谈到了性别问题。概而言之，我认为，西方存在主义教育家对海德格尔哲学思想的吸收缺乏教育学的立场，他们没有认识到海德格尔毕竟是哲学家，而不是教育家，他对日常生活的现象学分析的立场应该说主要是成人世界的立场，到目前为止，有关他的思想的译著与思想评介，没有发现他对基础教育、对儿童生活世界的关注。因此，我们很容易发现，以海德格尔为代表的存在哲学思想在哲学、文学、艺术、美学等领域备受青睐，因为这些领域都指向成人世界，指向一般性的生活世界。但是，教育世界既不是纯粹的成人世界，也不是纯粹的儿童世界，教育世界应该是儿童与成人对话、交往的世界。在教育世界中，儿童文化与成人文化发生着多维的碰撞与交融，儿童在成人文化的引导下不断超越自身认识的局限而走向世界，同时又在与成人文化的对话中不断地返回自身，寻求自己当下生活的意义。

第二节　知识意义性的理论视角

在知识论哲学的视野中，课程是与人之生存意义无关的规律世界和知识世界。而且，知识的学习还应该尽量排除主观因素的干扰，以便准确地把握知识的精确含义。这种客观中立的研究路向不仅广泛地盛行于自然科学课程的教学之中，而且也作为“典范”被普遍地运用到人文和社会科学课程的教学之中，如语文教学中的内容分析、名词解释等。

生存论哲学则将知识看作是人类鲜活的文化实践，并着力凸显知识背后人的活动。与此相应，课程知识不再是脱离生命的客体性存在，而是承载着情感、态度与价值观，蕴藏着历史、文化与生活底蕴的主体性、意义性存在。可以说，当代学术思想的发展已经把知识的意义性推到了前台。

生存论哲学认为，知识的意义性只能在生存实践的语境中才能不断敞亮。实践活动的核心要素在于语境性、历史性与具身性，因此，切近知识的意义世界，需要我们抛弃传统的抽象思考，返身到知识之语境主义、历史主义与具身主义的视域之中。

一、语境主义的视角

实践活动一定嵌入在特定的语境脉络之中，正如海德格尔反复强调的“周围世界”与“在世之在”的概念，我们是“被抛”到世界之中，我们的生存实践从一开始就是在特定的语境之中展开的，因此，语境是理解实践的一个重要维度。同样，知识作为人类的文化实践，也必然要返回到具体而复杂的实践语境之中才能被理解。或者说，只有在具体的语境脉络中，我们才能真正理解知识的意义，所谓普遍性知识其实不过是一个幻象。

思想家维特根斯坦（1996b）[12]早就指出，语言是嵌入在特定的“生活形式”之中的，我们只有结合具体的生活语境才能理解词语的意义，“想象一种语言就意味着想象一种生活形式”。剥离语言背后的情境脉络，我们就不可能真正理解语言的意义。维特根斯坦关于“生活形式”的观点开启了语境主义的先河。哲学家卡特赖特（Nancy Cartwright）则认为，抽象的理论概念“只有通过更为具体的解释这些概念的模型才能描述世界”。以“力”这个概念为例，我们只有将其置于特定的情境中，并通过建构情境化的力学模型，这个抽象概念的内涵才能得到合理的阐释（卡特赖特，2006）[53]。可见，不仅语言知识的理解需要结合语境，科学知识的理解同样也必须在具体的语境之中才能呈现其丰富的意义。

知识社会学的发展，更是凸显了知识背后复杂的语境脉络。例如，知识社会学的创始人之一曼海姆（Mannheim）就指出，认识过程并不是一个抽象的、纯粹的逻辑推演过程，而是与大量的社会背景因素紧密相连。他指出：“认识过程实际上在历史上并不根据内在法则发展，该过程并不只是跟随‘事物的本质’，或‘纯粹逻辑的可能性’，它也不是受某种‘内在的辩证法’的驱使。相反，实际思想的出现和结晶，在许多关键方面受各种各样超理论因素的影响。这些因素与纯理论因素相反，可以被称作存在的因素。这种存在决定思想也不得不被看作是事实。”（曼海姆，2000）[272]

早期的知识社会学尚未触及科学知识领域，但是20世纪60年代之后，知识社会学的研究开始与科学社会学相结合，并发展出科学知识社会学。以默顿（Robert K. Merton）为代表的科学社会学学派是这种转型的代表之一。默顿对马克思、舍勒、曼海姆、迪尔凯姆（Durkheim）、索罗金等不同理论家有关知识社会学的观点进行了分析，并指出知识具有存在的基础，知识与存在基础的关系是“知识社会学中每一理论的核心内容”。他将知识的存在基础概括为社会基础与文化基础两种。社会基础包括社会地位、阶级、职业角色、生产方式、群体结构、历史情境、利益、道德规范、权力结构等；文化基础则涵盖价值、社会的精神气质、舆论趋势、民族精神、时代精神、文化类型、文化精神、世界观等。此外，他还对知识的存在基础进行了系统的归纳，而且十分注重马克思主义对知识社会学的贡献，并着重指出，“马克思主义是知识社会学的风暴中心”（默顿，2006）[691]。

而马尔凯（Michael Mulkay）的科学知识社会学则试图改变传统的实证主义科学观，主张科学知识跟其他知识形态并无本质的区别，科学知识也是社会建构的产物，因此也必然受到社会文化因素的影响。马尔凯主张开展对科学的文化资源的解释，并提出了科学知识的社会修辞学的研究方法。他指出，“科学知识主张不能用不变的、普遍的标准加以评价。……与标准观点不同的是，科学知识在意义上不是固定不变的，它不会独立于社会背景，而且不能应用被普遍认同的验证程序去加以证实”（马尔凯，2001）[78]。

以拉图尔（Bruno Latour）、皮克林（Andrew Pickering）、哈金（Lan Hacking）等人为代表的当代科学知识社会学则将知识的语境脉络从社会维度拓展到更为复杂的物质—概念—社会交融的复杂维度。拉图尔用“行动者网络”来指称影响知识生产的复杂因素，行动者不仅仅是科学家，还包括文化传统、基金资助机构、实验仪器等。由此可见，要理解知识的意义，就必须深入到知识背后复杂的行动者网络之中。皮克林（2006）[8] 则呼吁科学观念的转变，即“从作为知识的科学”转向“作为实践的科学”。

总之，知识社会学的研究表明，知识并不是如实证主义者所认为的那样是客观中立的，知识背后暗含着人的活动，体现着人的兴趣、利益、组织、文化等。因此，知识世界并不是冷冰冰的规律世界，同时也是蕴含着人的活动的意义世界。

二、历史主义的视角

时间性与历史性是实践活动的显著特征，也是揭示生存实践之意义性的主要维度。海德格尔关于存在意义的阐释，就是从时间性与历史性的维度来展开的，并且书名就叫作《存在与时间》。在此书中，海德格尔阐述了时间性与历史性对人之生存的重要意义。“时间性绽露为此在的历史性。此在是历史性的，这一命题将被证明为生存论存在论的基础命题。”（海德格尔，2006）[379]

同样，要揭示知识的意义世界，也必须进入到知识内在的时间性与历史性的维度之中。传统知识观将知识问题简化为逻辑问题，知识所建构的世界由此蜕变为冰冷而毫无生气的命题世界。事实上，知识不仅有逻辑的维度，更蕴含着历史之维。在历史的视域中，知识的发展不再是事实与理论的机械堆积，而是传统与创新的演进与交替，是充满旺盛生命力和鲜活时代气息的无尽的生成。

伽达默尔通过为“传统”正名来建构历史主义的分析框架。科技理性视传统为主观的、落后的代名词，是意欲减除的对象。伽达默尔则认为，传统不仅是不可消除的，而且还构成我们理解的“前见”，所有的知识都有特定的传统，知识的发展不是逻辑式的演绎，而是传统与创新的交替。伽达默尔对传统的全新理解开启了历史主义的视域，也为我们重新理解知识的意义拓展了新的思路。

库恩（Thomas Sammual Kuhn）则对科学的发展进行了历史性的分析，他指出，流行的观念将科学的发展勾画为一个累积的过程，受此影响，科学教材也总是隐瞒科学革命的作用。事实上，科学的发展并非一潭死水，而是处在不断的危机与革命之中，是范式的不断重建，而不是简单的量的累积。劳斯（Joseph Rouse）则强调恢复科学认知的动态性，反对将知识“固体化”。为了更好地诠释知识的历史之维，劳斯把科学探究理解为不断生成的叙事探寻，认为科学行动“内在地属于一个叙事领域，无限地开放于不同的解释结构”，科学家的任务就是不断发现新的叙事线索，并“把故事线索推向不同的方向”（劳斯，2010）[148]。

知识内在的时间性、历史性表明，知识并非是线性累积、亘古不变的，而是随着时代的演进在不断地重建。换句话说，知识背后必然蕴含着时代的崭新课题，体现着时代的价值观念，折射着时代的潮流与走向。进入知识的历史视域，就是把握知识背后的时代精神与时代潮流，这正是历史主义的视角所揭示的知识的意义所在。

陈寅恪先生关于学术研究之“预流”的思想最能反映时代精神的重要意义。他说：“一时代之学术，必有其新材料与新问题。取用此材料，以研求问题，则为此时代学术之新潮流。治学之士，得预于此潮流者，谓之预流。其未得预者，谓之未入流。此古今学术史之通义，非彼闭门造车之徒，所能同喻者也。”（陈寅恪，2001）[266]在陈寅恪先生看来，把握时代精神与时代潮流，才是学术研究的“通义”与真谛。

长期以来，由于基础教育对基础性的强调，我们错误地以为基础性知识是超历史的普遍性知识，这种理解彻底割裂了知识与历史、知识与时代的有机联系。以历史的视域来审视课程，所谓基础性知识就不是一成不变的，而是会随着时代的变迁产生种种不同的变化，包括知识内容的删改、解释视角的变化、知识关系的重组等。正如劳斯（2010）[159]所言，在教科书改革中，有些内容被有计划地删除了，这“不是因为它们以前的内容被显著地证伪了”，而是“因为它们对不断发展的实践不再重要了”。在时代变迁的大背景下，即使是那些看似不变的基础性知识，人们对它的理解也会打上时代的烙印，并呈现出全新的面貌。可以说，只有进入历史性的视域之中，知识的生命力量才能得到展现。

三、具身认知的视角

传统认识论哲学认为，所有的理解都必须借助观念来思考，因而，概念及其符号的学习成为知识教育的核心。生存论哲学则反对身体与心灵的割裂与对立，并认为真实有效的理解必须基于身体的积极参与，身体是意义的联结点，也是意义的发生场。回到身体，意味着认识过程不仅仅是理性思维的演绎，更是情感与态度、直觉与想象、感受与体验，乃至个体独特生命史的生成。

海德格尔用“上手状态”这个词来描述实践活动中身体与世界打交

道的意义：事物首先不是作为“思维”的对象，而是作为“上手”的“用具”进入我的世界，并与我照面，正如海德格尔（2006）[97]所言，“上手的东西在世界之内来照面”。海德格尔不仅指出“上手状态”的重要性，而且还强调我们与世界交往的本源性方式并非认知，而是情感与直觉等身体性要素。梅洛-庞蒂则进一步指出，我们并非通过概念进入世界，而是通过身体进入世界。总之，只有站在具身认知的视角来理解知识，知识的意义性才能显现；脱离身体的参与，知识就会蜕变为冰冷的符号。

以语言为例，语言不仅仅是表达技巧，更不是枯燥的语法知识，而是饱含了文学家的情感与体验，印刻着鲜明的个性和斑斓的色彩。诗人泰戈尔就十分强调文学创作中身体参与的重要性，他指出，作诗的基础不是知识，而是情感、灵感和想象，“是一个伟大感情冲动的传播”。由于艺术创作有身体的参与，因此，艺术的本质是表现人格，而不是观念或知识，正如泰戈尔所言，“艺术的主要目的是表现人格，而不是抽象的和分析性的事物”，“但丁的诗凝结着但丁的生活”（侯传文，2005）。

同样，历史也不是历史事件和历史知识的堆积，而是历史学家生命体验的折射。卡西尔（2004）[253]指出，历史本身是有生命的，“在历史中，我们把人的一切工作、一切业绩都看成是他的生命力的沉淀”，因此，“理解人类的生命力乃是历史知识的一般主题和最终目的”。要理解历史内在的生命力，不能仅仅依靠逻辑推理，而是更需要历史学家的生命体验。“对激情的世界——政治的野心、宗教的狂热，以及经济和社会的斗争——了无所知的历史学家，只会给予我们非常枯燥抽象的历史事件。”（卡西尔，2004）[262]

科学也不仅仅是抽象的理性思考，而是同样凝固了科学家的具身体验，包括情感、想象、直觉乃至审美等。尼采对于科学的思考尤其值得我们深思。尼采指出，传统的科学形象是严肃而呆板的，因为它彻底排除了科学发现中的种种非理性因素。尼采主张将科学与艺术结合，“用艺术的透镜看科学”，并着力体现科学内在的创造性。在《快乐的科学》一书中，尼采（2007）[38]就指出，我们不可能脱离身体来思考，“我们既不是有思想的青蛙，也不是内脏冰冷的客观记录仪，而必须持续地从自己的痛苦中娩出思想，像慈母一般倾其所有，以鲜血、心灵、热情、喜悦、激情、痛苦、良知、命运和灾祸给思想以哺育”。总之，科学只有指向生命的创造才是快乐的。海德格尔对尼采的这一思想给予了高度评价。他指出，理性的本质不是“计算”，而是“创作”（海德格尔，2010）[607]。同样，科学不可简化为计算性思维与逻辑推理，而是更应重视科学家内在的生命创造。

第三节　课程知识的智慧意蕴

一、知识之智慧性的教育意义

知识的智慧性是知识回归人的生活、关注人之生存的重要体现。西方存在主义教育家对知识的理解存在片面性，他们要么认为知识是人的非本源的、派生的存在形态，要么担心知识会变成控制人的工具，这些理解其实都将知识凝固化、静态化，没有看到知识所具有的智慧意蕴。因此，对知识与智慧的分析应该从人类思想史中去汲取更丰富的理论营养。

事实上，知识的智慧性一直是近代以来思想家探讨的一个焦点。培根很早就对知识的智慧性给予了高度关注，并喊出了“知识就是力量”的口号，他批评当时的知识迷恋于“雅致”“空想”“辩难”，却“不生力量，无所事事”。杜威（1958）[16]对培根进行了高度评价，认为他是“现代生活精神的伟大先驱”。而杜威本人更是强调智慧生成的重要性，他指出，“教育是使人们普遍从事于智慧行动的重要手段”，他批评传统教育“一方面专心训练专门的和机械的技巧，而另一方面又设法储备大量的抽象知识”，这种教育“传授既定的结论而不是发展智慧”。（杜威，2005）[195]社会学家杜尔克姆也指出，教育的根本任务是把知识转变为智慧和把智慧融进他的生活，从而“在他那里形成一种内部的深刻的状态”。而诗人艾略特则提醒我们不断地反思教育：“我们在信息中失去的知识是什么？我们在知识中失去的智慧是什么？”（莫兰，2004）[133]

但是，传统的学校教育却常常遗忘智慧，其表现形式是教育已经被异化为知识的传授。在知识教育过程中，教育者呈现的是现成的知识、标准的知识、一成不变的知识，关注的是学生知识掌握的程度，却很少关注学生智慧的发展。课程设置以“知识”为中心，教师的角色是知识的传授者，学生的学习是为了掌握知识，学习方法是死记硬背、机械训练，学生成为知识的奴隶。总之，培养“知识人”是传统教育的根本前设（鲁洁，2005）。这种知识教育所培养出来的多为复现型、记忆型的人才，他们虽然可能拥有大量的书本知识，但却缺少人生智慧。英国哲学家怀特海在《教育的目的》一书中就对传统的知识教育进行了批判，他指出：“在古代的学园中，哲学家们渴望传授智慧，而在今天的大学里，我们卑微的目的却是教授各种科目。从古人向往追求神圣的智慧，降低到现代人获得各个科目的书本知识，这标志着在漫长的时间里教育的失败。”（怀特海，2002）[52]他认为：“一个人仅仅见多识广，他不过是这个世界上最无用而令人讨厌的人。”（怀特海，2002）[1] 此外，怀特海对传统的教育也甚表遗憾，他说：“如果你经常接触从中学和大学毕业的年轻人，你很快会注意到那种头脑迟钝的人，他们所受的教育便是掌握死板的知识。”（怀特海，2002）[57]因此，改变过于注重知识传授，强调转识成智，已经刻不容缓。

二、知识与智慧的多维联系

知识与智慧的关联一直是哲学、心理学、教育学上的一个重大的主题，但是智慧概念却是一个极其复杂的概念。迄今为止，对智慧的界定可以说是众说纷纭。例如，亚里士多德（1959）[2] 认为，“智慧由普遍认识产生，不从个别认识得来”，“智慧就是有关某些原理与原因的知识”。洛克（John Locke）则主张：“我对于智慧的解释和一般流行的解释是一样的，它是使得一个人有能干和远见，能去处理他的事务的。”（洛克，

1985)[141]罗素（1999)[39]认为：智慧主要是指人的求知好奇心和求知的能力。怀特海（2002)[54]强调："智慧是掌握知识的方式。它涉及知识的处理，确定有关问题时知识的选择，以及运用知识使我们的直觉经验更有价值。这种对知识的掌握便是智慧，是可以获得的最本质的自由。"总之，关于智慧的界定，不同的文化传统、不同的理论学派都有自己独特的理解，而这也恰恰说明，智慧的内涵是极其丰富的，因此，知识与智慧之间的联系也必然是多向多维的。在这里，我们试图从知识与生命觉悟、知识与生活改进、知识与思维方式等不同的维度来展现知识与智慧的多维联系。

（一）知识与生命觉悟

中国哲学对智慧的探讨往往从人生的层面展开，因此，中国语境下的智慧观必然不同于西方认识论哲学视野下的智慧观。中国人所讲的智慧大多是指人生智慧、生存智慧、生命智慧，而不是认识论层面的认知智慧。从人生的层面看，智慧是我们对生命博大圆融的理解，是我们立身处世的价值准则与人生境界。

在中国哲学史上，知识与生命智慧的关系曾经以不同的形式表述出来。

先秦时期，老子讨论了"为学"与"为道"的关系。老子认为，知识的增长无益于对道的把握，"为学日益，为道日损，损之又损，以至于无为"（《老子·四十八章》）。在老子看来，要认识"道"，就必须不断破除知识，达到无为。这是因为"道"是不能用理论性语言、技术性语言来言说的，正如老子所言，"道可道，非常道"。在这里，老子实际上是明确区分了"智"和"识"的差异，而如何转识成智则成为中国哲学探讨的重大课题。

隋唐时期，佛学盛行，唯识宗首先使用了"转识成智"这一术语，并具体讨论了如何实现"由染而净，由迷而悟，由有分别的意识活动向无分别的智慧的转化"的问题。在梵文中，"识"的本义是指通过对事物的分解、分析而产生认知。而“智”则不同，“智”是对世界本质的直接体悟，“智”是超越二元对立的，“智”所代表的不仅仅是认识的飞跃，更重要的是个体生命的觉悟、精神境界的提升。由此可见，唯识宗所理解的转识成智，是完整的生命实践过程，这个过程既包括认识上的由迷转悟，也包括道德上的由恶转善，还包括心理上的由染转净。总之，唯识宗所理解的转识成智过程，是知识、道德、心理诸因素的协调统一，这与今天学科分化，科学认知、道德完善和心理治疗互相分离的现状是完全不同的。(魏德东，1998)。

到了近代，由于受到西方科学思潮的影响，转识成智的话题主要在科学与人文、科学与人生之间展开。王国维在《静庵文集续编·自序》中提出了所谓“可爱”与“可信”的矛盾，即“哲学上之说，大多可爱者不可信，可信者不可爱”。他所谓“可爱者不可信”，是指以叔本华、尼采等为代表的西方哲学中的人文主义的传统；而所谓“可信者不可爱”，是指自孔德、穆勒以来的实证主义、科学主义的传统。“可爱”与“可信”的矛盾反映了近代以来西方科学与人生脱节所造成的种种弊端。王国维追求“可爱”与“可信”的统一、知识与智慧的融合，虽然他并没有找到二者融合的有效方式，但是却开启了在科学勃兴的背景下科学与人生关系的深刻思考。

金岳霖先生则区分了“知识论的态度”和“元学的态度”，他认为知识论的裁判者是理智，而元学的裁判者是整个的人。“知识论的态度”是站在对象之外，用客观的、冷静的态度去研究，“我可以暂时忘记我是人”，而只是对研究对象进行冷眼旁观。但“元学的态度”就不一样了，我不能忘记“天地与我并生，万物与我为一”，我不仅在研究对象上要求理智的了解，而且在研究结果上要求得到情感的满足（金岳霖，1987）[17]。金岳霖先生将生命智慧看作“道”的范畴、“元学”的范畴，并且与知识范畴进行了明确区分。他对“元学的态度”的论述启示我们，转识成智的话题必须超越传统的知识论的思考框架，这就为我们深化知识与智慧的探讨开拓了新的视野。

冯契先生则将金岳霖先生的知识论扩展为广义认识论，并建构了以智慧学说为核心的哲学体系。冯契先生认为，理智并非“干燥的光”，认识论也不能离开“整个的人”，因此，广义认识论不应该限于知识的理论，而是应该研究智慧的学说。冯契先生所理解的智慧不是通常意义上的聪明才智，而是指“认识天道和培养德性”，是关涉人之生存的大智慧。为打通知识与智慧的隔阂，冯契先生融合了中国哲学、西方哲学和马克思主义哲学的思想精髓，并在此基础上提出了“化理论为方法”和“化理论为德性”的“两化”主张（冯契，1995）。所谓“化理论为方法”，即用理论去联系实际，把理论转化为认识世界和认识自己、改造世界和发展自我的科学方法。正如恩格斯（1974）[406]一再强调的：“马克思的整个世界观不是教义，而是方法。它提供的不是现成的教条，而是进一步研究的出发点和供这种研究使用的方法。”“化理论为德性”则强调用理论来规范自己的言行，塑造自己的人格，使理论化为自己内在的德性。也就是说，理论不仅具有工具价值，更具有人文价值，因为它蕴含着理论工作者的个性、人格，例如，科学理论所蕴含的科学家的科学精神等。

总之，自然科学知识、人文与社会科学知识都蕴含着丰富的人生智慧。英国学者梅尔茨在分析19世纪欧洲思想史时指出，要将歌德的《浮士德》作为研究的中心和起点。他说：“我们选取它作为一种无所不包的化身、19世纪怀疑精神和宏图大略的经典表现。它把我们时而引入令人晕头转向的哲学迷宫，时而引入广阔无垠而令人生厌的自然科学，又用罪恶和赎罪的玄义把我们引入个人生命和宗教信仰的隐蔽的深处。”（梅尔茨，1999）[67]梅尔茨对《浮士德》给予了高度评价，认为优秀的文学作品并不仅仅是一种凝固的知识，更重要的是一种生存的智慧。高尔基就明确提出“文学就是人学”的口号，说明人文知识所蕴含的生命智慧之重要性。

一位语文教师发现语文的核心是生命意识。她在自己的文章中写道：

循着“生命”主题漫步在高中语文教材所呈现的文学海洋中，我们处处都能发现闪烁着生命光泽的作品。下面就是我们尝试着以生命为主题进行的文本重组的模式。教材中的文化意识需要体味和挖掘。我们以“生命”为主题的教学可以分为三个专题：儒家文化与生命，道家文化与生命，西方文化与生命。……对于西方文化，教材选用了赵鑫珊的《人是什么》一文，在文中，提及各位西方伟人对生命的经典论述，以加缪的《西西弗神话》为核心，歌德、康德、爱因斯坦等人各有各的理解，像西西弗那样劳碌一生，有的悲观地认为是命运的悲剧，有的认为生命的反复其实也是一种创造，就是在不断地接近自然。在“西方现代主义小说、戏剧”单元中，我们看到的是生命意识的流动，在荒诞中凸显了人性的变异。当我们在生命文化中寻寻觅觅时，“什么是生命”、“什么是对待生命的态度”这一系列重大而深刻的话题正通过文化的濡染走近我们；通过文化的桥梁，生和死不再使人畏惧。历史是前人的行动，文学是后人的思考，也只有在思考中，我们才担得起生命的重量。（包素茵，2003）

（二）知识与生活改进

生存论哲学强调实践，因此，智慧应该指向生活、指向实践，并表现出实践性、探究性、创造性等特征。知识与智慧的区别在于，知识作为静态的理论体系总是指向过去、指向确定性，而智慧则需要面对未来的不确定性，并表现于面对未来、迎战不确定性过程之中。正如怀特海（2002）[4] 所说：“我们需要的理解是一种对现在的理解。过去的知识惟其有价值，就在于它武装我们的头脑，使我们面对现在。再没有比轻视现在给青年人带来更严重的危害了。现在包含一切。现在是神圣的境界，因为它包含过去，又孕育着未来。”怀特海认为，知识如果离开生活，离开应用，就必然丧失其智慧的意蕴，蜕变为“无活力的概念”。他说：“要使知识充满活力，不能使知识僵化，而这是一切教育的核心问题。”（怀特海，2002）[9] “教育是教人们掌握如何运用知识的艺术，这是一种很难传授的艺术。”（怀特海，2002）[8]“教育只有一个主题，那就是五彩缤纷的生活。”（怀特海，2002）[12]“知识的重要意义在于它的应用，在于人们对它的积极的掌握，即存在于智慧之中。”（怀特海，2002）[57]

杜威的实用主义哲学更是强调智慧所蕴含的生活意义。杜威指出，智慧表现为知识与生活的关联，表现为知识在生活中的应用。他说：“智慧即指我们实际用以改变环境的操作而言。”（杜威，2005）[154]“智慧与知识不同，智慧是应用已知的去明智地指导人生事务之能力。哲学现在所处的困境之原因是：有用的知识越增加，哲学则越忙于完成其与人生无关的任务。”（杜威，2006）[4]总之，在杜威看来，知识只有指向生活的改进，才能生成真正的智慧。

杜威还通过区分“知识”与“习惯”、“理性”与“智慧”这两组概念来说明智慧与生活改进的关联。首先是知识与习惯的区分。他认为，在传统社会，人们借助习惯就已经可以应付生活，但是现代社会却是不确定性时代，一切皆变，习惯越来越显现出局限性，因为“习惯离开了知识就不能考虑环境的变化和适应新的环境。预见未来的变化不是习惯范围的一部分，因为习惯假定新旧情境基本相同。因此，习惯常引人误入歧途，或者使人不能成功地完成任务，正如一个技工，他的技能全靠习惯，一旦机器的运行发生故障，他的技能就无用。”在杜威看来，习惯只能指向过去，只能对过去有用，而知识则应该指向未来，指向尚未解决的新课题。唯有在面对尚未解决的新问题的过程中生成的知识，才是真正的智慧。“凡是知识在决定新经验中起作用的地方，我们就能获得理智的酬报。”（杜威，1990）[357]杜威所说的“理智的酬报”也就是智慧的生成。其次，是理性与智慧的区分。杜威认为，智慧不同于理性。“智慧是和‘判断’联系着的；那就是说，智慧有关于我们选择和安排达到后果的手段和有关于我们对于目的的抉择。一个人之所以是有智慧的，并不是因为他有理性”（杜威，2005）[164]，因为理性仅仅表现为知识的占有，而智慧却需要做出判断、采取行动。总之，“智慧是实际的，而理性是理论的”（杜威，2005）[164]，知识只有用于解决生活中的难题，才能生成经世致用的智慧。

强调智慧的生活性、实践性，就意味着把生存论视野中的智慧与心理学中的智力区分开来。我们强调的是广义的、生存论视野中的智慧观，而不是认识论层面的狭隘的智力。但是，传统的教育学理论却仅仅基于认识论层面来理解智慧，将智慧窄化为观察力、思维力、想象力、记忆力等传统的智力理论的范畴。在传统教育学教科书和工具书中，与狭隘智慧观相对应的内容是"智育"，而所谓"智育"，也就是掌握双基、发展智力的教育。例如，《中国大百科全书（教育卷）》中，对智育的解释是"向受教育者有目的、有计划、有组织地传授系统的文化知识和技能，发展受教育者的智力的教育"（中国大百科全书总编辑委员会，1985）[172]。《教育大辞典（第 1 卷）》对智育的解释是，智育（intellectual）亦称"智力教育"（intellectual education），是使受教育者掌握系统科学文化知识与技能、发展智力的教育。狭义的智慧观所带来的最大弊端是割裂知识与生活的联系，其结果不仅不利于真正的智慧的生成，而且还造成教育领域的种种形式的二元对立，例如，教育史上的形式教育论与实质教育论之争就是明证。

智慧显现于知识与生活的联系之中，意味着教育必须面对具体的、真实的教育情境。晚近以来，以核心素养为焦点的新一轮全球性课程改革更是凸显了复杂情境与复杂问题解决的重要意义。曾参与过 OECD 核心素养框架研究的美国经济学家列维和莫奈就指出，"专家思维"和"复杂交往"是 21 世纪素养的显著特征。所谓专家思维和复杂交往，都指向对复杂的、不可预测的问题情境的高度关注（张华，2016）。美国学者戴迪则指出，20 世纪工业时代的课程力图传递给学生"不变"的技能，通过课程知识的简化、纯化，培养学生解决常规问题的能力。然而，21 世纪与 20 世纪的显著差异乃在于信息与网络科技的广泛运用。在信息时代，常规问题交由计算机来处理，人类更需要面对复杂情境和提升复杂问题求解的能力。"一个有素养的医生该做的，是在当常规治疗彻底失败之后，能够发现问题解决的新方案。"（Dede，2010）[51]可以说，情境化的能力，即从复杂情境中过滤数据以发展复杂问题发现与求解的能力，是

21 世纪课程的显著特征。

反观实践，传统的智育虽然也强调知识的运用与问题解决，但是传统教育所构建的问题情境却是虚拟的、简化的，甚至是虚假的问题情境，而不是真实的问题情境。这种简单的知识运用虽然也可以培养学生的智力，特别是培养学生解答应试教育中的难题的能力，但是学生却不会发现“自己”的问题以及真实生活中的真实的问题。

我曾经读过一则有趣的教育轶事。一位秉持建构主义观念的教师到一所中学去上一节中学地理课，在课堂上他设计了一个有趣的问题：从你的脚下往下挖1000 米，然后跳下去，会有什么结果？学生们面面相觑，无人应答。这时坐在后排的地理教师赶忙走上前去，用他认为设计得比较好的问题问学生：地球以下 1000 米是哪一层？在地理教科书中，这一层有什么特点？学生恍然大悟，并顺利地答出问题的答案。

杜威对这种脱离生活的问题曾进行了尖锐的批判，他说：“由于学校缺乏产生真正问题的材料和作业，学生的问题并不是他自己的……一个学生有一个问题，但是，这是满足教师所布置的特殊要求的问题。他的问题变成了发现教师喜欢什么、在课堂问答和考试以及外表行为方面什么东西可以使教师感到满足的问题。”（杜威，1990）[166]其实在这种机械的知识教育中，不仅学生缺乏真正的问题意识，教师和教材编制者也往往缺乏真正的问题意识与生活意识。例如，笔者曾发现一些小学数学教师在编制应用题时，问题中所涉及的机动车的时速只有 10 公里；另外，在传统教材中，我们也可以看到很多脱离现实生活的应用题，例如，数学教材中还频繁出现“公社”“生产大队”等脱离时代的词汇，说明教材编者也未真正树立起生活中的问题意识。总之，脱离生活，这是传统的知识教育之所以忽视智慧生成的重要原因。

（三）知识与思维方式

知识作为人类的文化实践，必然蕴含着特定的思维方式与价值观念，因此，知识与智慧的关联也表现在思维方式的侧面。与作为概念和命题的知识相比，知识内在的思维方式与价值观念对生存实践的影响更为深远。例如，达尔文的进化论学说就不仅仅是生物学中的一种理论，从思想史的角度看，进化论思想影响着我们观察世界的方式，并作为一种重要的隐喻，即"进化""进步"的隐喻影响着我们的社会生活。课程学者凯利（Kelly）等人区分了关于教育变革的三种观点：变革即进步、变革即退化、变革即适应（Blenkin et al.，1992）[19]。其中，将变革视为不断进步的过程就是以达尔文生物进化论为隐喻的思想方式的反映。又如，牛顿的力学体系与爱因斯坦的相对论并不仅仅是物理学中的两种物理理论，而是作为两种不同的"范式"，两种不同的世界观和方法论，对我们的社会生活和科学研究造成了普遍而广泛的影响。牛顿力学思想代表近代以来的"决定论"世界观，即将世界看成是一个确定性的、受因果关系严格决定的机械的世界。正如牛顿的力学公式所体现的，只要给出对象的某些参数值，就可以精确地测量和控制事物在某一时刻的状态。如果仅仅将牛顿的力学理论看作物理学理论，这就忽视了牛顿理论所产生的广泛的社会影响，也就割裂了知识与智慧的有机联系。

在一个快速变革的时代，思维方式将越来越受到人们的重视。从终身教育的角度说，学校教育真正留给学生受用终身的东西恰恰是知识背后所蕴含的思维方法以及价值观念。正如日本著名数学教育家米山国藏所说："我搞了多年的数学教育，发现学生们在初中、高中等接受的数学知识，因毕业进入社会后几乎没有什么机会应用这种作为知识的数学，所以通常是出校门后不到一两年，很快就忘掉了。然而，不管他们从事什么业务工作，唯有深深地铭刻于头脑中的数学的精神、数学的思维方法、研究方法、推理方法和着眼点等（若培养了这方面素质的话），却随时随地发生作用，使他们受益终生。"（米山国藏，1986）[1] 米山国藏认为，许多数学教科书仅仅只是记录了数学知识，而忽视了数学的精神、思想和方法。事实上，对科技工作者和数学教育工作者而言，最重要的恰恰是数学的精神、思想和方法，数学知识反而是第二位的。

需要指出的是，生存论哲学所理解的思维方式不同于知识论哲学。知识论哲学推崇科技理性及其思维方式，主张将复杂的实践活动进行分解、简化和抽象，这种思维方式已经远离了实践活动的本真状态，因而受到了20世纪以来思想家们的广泛批评。生存论哲学主张回到实践，建构适应复杂实践情境的现代思维方式。对此，不同的学者有不同的论述。

杜威强调科学研究中的反省性思维在日常生活乃至人类社会生活领域的广泛应用。在杜威看来，科学研究中广泛使用的反省性思维是人类理性的典范，但是反省性思维仍然局限在科学研究的范围之内，而没有延伸到人类社会生活和社会研究中。其结果是，与科学研究对思维方法的高度关注相比，人类社会领域却被各种信仰统率着，缺乏研究方法的指导。他深表忧虑地指出，科学研究中"最重要的方面，即有关于它的方法方面，还没有应用到社会实践中去"（杜威，2005）[195]。杜威的学生胡适（1981）[319]也说，智慧的本质是"拿科学的态度、精神、方法，做我们生活的态度，生活的方法"。

库恩强调科学范式所蕴含的问题导向式思维。在《科学革命的结构》一书中，库恩并没有对"范式"概念下一个精确的定义，但是他列举了一系列可以称为"范式"的科学理论，例如，亚里士多德的《物理学》、托勒密的《天文学大全》、牛顿的《原理》和《光学》、富兰克林的《电学》、拉瓦锡的《化学》、赖尔的《地质学》等。库恩（2003）[9]指出，这些理论的重要特点是"都在一段时间内为以后几代实践者们暗暗规定了一个研究领域的合理问题和方法"。也就是说，一个理论之所以能成为"范式"，很重要的一个条件就是它能形成特定的问题域和特定的方法论。换句话说，我们透过科学范式，看到的不仅仅是基本的科学信念和科学假设，更重要的是科学家提问题的方式以及解决问题的思路。或者说，所谓范式，就是问题解决的范例。

莫兰（Edgar Morin）则强调复杂性思维的重要意义。我们所处的世界是一个不确定性世界，不确定性思想已经成为当代科学和哲学研究的核心主题。哥德尔的不完全定律、海森堡的测不准原理等使自然科学研究中的不确定性备受彰显。著名科学家霍金（Stephen William Hawking）指出，传统的世界观是以牛顿、拉普拉斯为代表的决定论的世界观。这种世界观认为，宇宙是完全被决定的，存在一组科学定律，只要我们完全知道宇宙在某一时刻的状态，我们便能依此预言宇宙中将会发生的每件事。但是，在20世纪，不确定性原理彻底地冲击着牛顿的决定论世界观。"不确定性原理对我们的世界观有非常深远的影响。"（霍金，2004）[54]莫兰则从哲学层面论述了不确定性的普遍性。他用岛屿与海洋进行形象的比喻：确定性只是我们所看到的一个个小小的岛屿，而不确定性却是一望无际的海洋（莫兰，2004）[68]。过去有句俗话叫作"打破砂锅问到底"，其实世界是无底之底，无根之根。面对不确定性的挑战，莫兰主张用开放理性来取代传统的封闭理性，用复杂性思维来取代简单性思维。但是，传统课程中的知识却往往是以确定性、完成性的形态呈现出来。在课程知识中，有关知识发展的种种争论被屏蔽、被漠视，课程呈现的知识往往是结论性知识、确定性知识、共识性知识。一切都是确定的，看不到偶然性、无序性、分岔性、不确定性等。课程知识的这种组织和呈现方式容易使学生误解知识的本质，看不到知识本身是源于问题和争论，也不可能发现知识发展中的种种不确定性以及人类的努力，最终也就难以将知识转化为智慧。总之，复杂性思维要求我们在课程中恢复原本具有的知识的不确定性、联系性与生成性的侧面。

复杂性思维意味着教育要培育的不是"充满知识的头脑"，而是"构造得宜的头脑"，莫兰对此进行了深刻区分。"充满知识的头脑"是指在这个头脑中知识被堆积、装满，但不具有一个给它们以意义的选择和组织原则。而"构造得宜的头脑"则意味着知识的背景化和整体化，从而赋予知识以意义。所谓知识的背景化，是指恢复知识本身的语境，承认任何知识都有其特定的使用条件，都只是相对真理而不是绝对真理；所谓知识的整体化，是指知识本身的连接（包括结合、包含、蕴含等）。莫兰（2004）[113]引用帕斯卡《思想录》中的话说："所有事物，包括相距最遥远的和最不相同的事物，都被一种自然的和难以觉察的联系维系着。"

但是，传统的学校教育却将知识绝对化和拆分化，因为传统的思维方式是基于简单思维的还原原则和线性因果原则，即任何复杂的事物都可以还原为简单的、基本的要素，而且这些要素之间的关系是简单的一一对应的因果关系。而知识的背景化、整体化则要求用环形的和多向度的因果性来代替直线的和单向度的因果性，并用两重性逻辑取代机械的同一逻辑（莫兰，2004）[179]。

第四节 课程知识的文化意蕴

生存论哲学认为，人的存在离不开具体的时间、空间与情境脉络，因此，人的存在一定是文化性存在。文化是人类极其重要的本质属性，种种人际间的冲突往往源于文化的隔阂。传统的认识论哲学试图剥离人的文化属性去理解所谓抽象的人性，这实际上是一种虚妄。

同样，知识作为人类的活动，必然也具有鲜明的文化性格。吉尔兹（Clifford Geertz）指出，所谓“普适性知识”其实是一种幻觉，所有知识都是地方性知识，因此，对知识的阐释要有文化学视野。探讨课程知识的文化意蕴，有利于学生更好地理解文化性生存及其方向。

但是，到目前为止，关于文化的定义同样也是十分繁杂的。据不完全统计，有关文化的定义至今已不下三百种。从广义上说，文化可囊括物质层面、制度层面和精神层面，几乎包括社会生产力状况、经济关系、社会政治组织、社会心理、各种意识形态和科学等。本书试图采用狭义的文化定义，即将文化界定为一定社会群体习得且共有的一切观念和行为，这种文化定义排除了广义文化中“物”的成分，而把文化更多地看成一个受价值观和价值体系支配的符号系统（郑金洲，2000）[4]。

一、文化的阐释：生存论哲学的视域

课程知识是学生学习的主要媒介，有什么样的知识观就有什么样的学生观。过去，由于受到实证主义思想的影响，我们将知识看成是与人

之价值取舍、精神追求、文化群落等无关的事实性的客体，结果使学生在占有抽象知识的过程中也蜕变为抽象的人。

实证主义思想对课程编制的影响，具体就体现在课程编制的三个理论基础之中，即哲学认识论、心理学和社会学。首先，传统课程编制的哲学基础主要是知识论哲学，由于知识论哲学关注的焦点是普遍性、抽象性、客观性的知识，因而建立在知识论哲学上的课程编制也就不可能与人之存在的文化性相关联。其次，课程编制的心理学基础同样也受到实证主义方法论的影响，其典型表现是行为主义心理学和认知心理学。在实证主义思想的影响之下，行为主义心理学与认知心理学都表现出将人抽象化的弊端。认知心理学将人比作"计算机"，而行为主义心理学却将人比作一般的"动物"。无论是"机器"隐喻还是"动物"隐喻，都只是看到了人的最一般的共性，而未看到人之为人的文化多元性和文化差异性。例如，认知心理学关于儿童认知发展的规律、阶段与机制的研究往往脱离儿童的具体文化语境，强调不同文化背景下儿童认知发展的共性、普遍性。奥苏伯尔（David Ausubel）关于教材设计中的先行组织者的设计思想就是认知心理学的课程思想的典范。先行组织者理论虽然看到了儿童学习的内在规律，但是这种规律却只能是一般规律。同样，行为主义心理学仅仅强调可以测量、可以观测的行为目标，而忽视人的发展的完整性，这也使课程编制剥离了学生的文化处境。最后，传统课程编制的社会学基础主要是迪尔凯姆的社会学理论，迪尔凯姆的社会学同样深受实证主义思想的影响，强调的是作为集体性存在的抽象的个人。

在生存论哲学的视野中，人不是仅仅受普遍的生理规律支配的"生物人"，也不是受某种普遍的社会规律支配的"集体人"，而是有着自己的文化倾向和价值观念的"文化人"。海德格尔指出，人不仅仅是一个生物学意义上的存在者，更是一个不断追问自身"存在意义"的文化学意义上的存在者。人不仅有生物学意义上的本能需求，更具有文化学意义上的文化需求。而且，人的生存实践已经嵌入在特定的文化模式之中，人的行为由此也具有了“文化意向性”。人生在世的“筹划”其实是一种文化筹划，即不断生成种种可能的文化存在方式，不断建构生存实践的文化意义。同样，在生存论哲学看来，知识折射着人类的文化实践，本质上是人类创造的文化产品，因而也必然具有特定的文化属性。深入地诠释知识的文化属性，有利于我们更好地理解知识与存在的关联。

从文化的角度来审视课程知识，知识的本质乃至知识的选择与组织都将打上不同文化的烙印，体现出不同文化群体的价值取向与思维方式。以课程知识的选择为例，西方多元文化课程理论研究已经表明，知识，包括科学知识并不是与我们生存的文化群体无关的、客观中立的规律体系，而是必然体现出不同文化群体的价值追求。因此，从文化的角度看课程知识的选择，就需要我们反思：“这是谁的知识?”例如，教育社会学家伯恩斯坦（Basil Bernstein）分析了学校教育知识的语言编码类型，他认为学校中使用的语言主要是“精致语码”，这种语言编码与中产阶级子女的家庭生活经验相适应，但与劳工阶层子女的家庭生活经验却有较大差异，这就导致了教育活动中不同社会阶层的学生在学业成绩上的分化。伯恩斯坦的分析指出，学校课程知识所代表的文化主要是中产阶级的文化，而对劳工阶层的子女来说却造成了教育起点上的不公平。由此可见，在教育公平的背景之下，课程知识的分析尤其要增强文化意识，并着力去消除课程中的文化偏见和文化歧视。

从文化的角度来解读课程，可以说是当前国内外学术界的一个热点。在中国课程改革的过程中，知识与文化的关系同样也受到了教育界的高度重视。例如，《数学课程标准（小学）》明确提出：“数学是人类的一种文化，它的内容、思想、方法和语言是现代文明的重要组成部分。”作为文化的数学，其“内容应当是现实的、有意义的、富有挑战性的，……内容的呈现应采用不同的表达方式，以满足多样化的学习需求。……由于学生所处的文化环境、家庭背景和自身思维方式的不同、学生的数学学习活动应当是一个生动活泼的、主动的和富有个性的过程”。又如《物理课程标准

（初中）》也指出："物理科学作为自然科学的重要分支，不仅对物质文明的进步和人类对自然界认识的深化起了重要的推动作用，而且对人类的思维发展也产生了不可或缺的影响。从亚里士多德时代的自然哲学，到牛顿时代的经典力学，直至现代物理中的相对论和量子力学等，都是物理学家科学素质、科学精神以及科学思维的有形体现。"由此可见，物理新课程并没有简单地将物理学看作物理知识的体系，而是更注重物理知识所蕴含的科学态度、科学精神等文化内涵。《化学课程标准（高中）》在关于课程的基本理念部分也指出："在人类文化背景下构建高中化学课程体系，充分体现化学课程的人文内涵，发挥化学课程对培养学生人文精神的积极作用。"

二、知识文化意蕴的多元解读

生存论哲学对实证主义主导的文化观念进行了尖锐批判，实证主义主张剥离具体的文化语境来抽象地理解文化，结果导致了科技文化的霸权以及不同文化之间的冲突与对峙。生存论哲学则主张文化理解必须回到文化赖以产生的时间性、历史性、地域性的语境脉络之中。晚近以来，西方多元文化教育理论、后现代哲学思想以及阐释人类学的兴起，为我们重新理解知识的文化意蕴提供了新的思路。

（一）多元文化主义的观点

在教育领域，多元文化既是一种教育理念，也是一种改革运动。在西方，它的出现与全球化的移民热潮、弱势族群意识的觉醒、对民族同化主义的质疑以及现代教育模式的批判等因素是密切关联的。多元文化的基本诉求是强调公平、正义，它涉及种族、民族、阶层、性别、宗教、语言、特殊性等多方面的议题。多元文化课程论者强调课程应该反映不同学生的学习形态，引导不同族群的学生共同开展合作学习；应该让学生了解族群的整体经验，从而促进文化理解的"敏感性培训"；应该提升文化理解力和包容力，培养学生支持文化多元的价值、态度与行为（郑新蓉，2004）。

多元文化的倡导者把文化分析作为基本的概念工具，并由此对教育中的种种文化不平等进行了批判。他们认为，公共教育体系的最初设计就已经带有文化的偏见，公共教育体系的核心价值都是基于一些强势国家和主流民族的文化而确立的，这套价值观不仅体现在它的学校结构和运行机制上，而且更集中地体现在公共学校的课程上。例如，一些多元文化论者指出，西方学校课程的价值取向存在白人中心、男权中心、中产阶级文化中心等倾向，而多元文化教育的宗旨乃在于培育学生的文化理解、文化能力，并达致文化解放（派纳 等，2003）[333]。赛德克（Sadker）则分析了课程中存在的六种形式的种族偏见：（1）忽略不计，某些微小文化没有在课程中表现出来；（2）刻板印象，以偏概全地把一些观念强加给某一民族，如少数民族野蛮、酗酒等；（3）过滤与不均衡，编辑者依据主流文化的观点来筛选教科书的内容；（4）失实，教科书的叙述不符合事实，常常是忽略族群差异和冲突；（5）片段与孤立，教科书对少数民族的描述常常脱离历史脉络和背景，用猎奇和点缀的笔法描写少数民族的历史和文化；（6）语言，教科书中出现较多的是男性姓名或某族群的名字，而女性和少数群体的姓名则出现甚少（郑金洲，2000）[300]。

多元文化论者主张课程分析应该追问以下四个问题。（1）课程是否促进教育的平等与公正？例如，某一课文是否有利于所有族群的学生的参与。（2）课程是否促进课堂中多元文化或族群间的相互和谐发展？（3）课程是否帮助学生认识和理解不同文化、族群的知识，包括自身族群和文化的知识？是否提供给学生学习本族群文化的机会和了解其他族群文化的视窗？（4）课程是否帮助纠正对少数民族族群的偏见和歧视？（王鉴，2001）总之，在多元文化的视野中，课程被作为种族文本、性别文本、制度文本、政治文本等进行着无尽的解读。

（二）后现代主义的观点

后现代知识观的核心是消解科学话语的独霸天下。西方哲学从近代开始，越来越关注知识论，而哲学家心目中的知识楷模则是科学。科学高于所有其他知识并成为全部知识的代表。科学的霸权地位引起了后现代思想家的尖锐抨击。利奥塔（Jean-Francois Lyotard）就反对把全部知识都归结为科学的观点。他指出，将科学置于至高无上的地位反映了西方文化所蕴含的偏见。利奥塔（1997）[41]认为，西方文化将知识的评判标准仅仅归结为真理标准，这实际上反映了西方文化的偏见，因为在不同的文化体系中，知识的评判标准是不一样的。利奥塔分析指出，从多元文化的角度看，知识除了具有真理标准，还具有效率标准、正义标准、幸福标准、美学标准等。因此，判断什么知识是"好的"或"高级的"，这在不同的知识话语中（如正义的、真理的、美学的、效率的等）应该具有不同的相关标准，而这些标准本身则与传统文化有关。换言之，观点和知识体系方面的不同体现了不同民族在文化上的差别，而文化差别又基于历史传统，它们本身则没有优劣高下之分。但是，西方文化却从自己的文化标准出发，将自己的文化成果称之为"科学"，而将非西方的文化成果看成是"非科学"或者说"意见"。

利奥塔把被西方文化贬为"意见"的其他知识体系称为"叙事"。他倡导知识之间的平等，强调叙事知识的价值和地位。他说："科学知识并不是全部的知识，它曾经是多余的，它总是处在与另一种知识的竞争和冲突之中。"（利奥塔，1997）[12]这另一种知识也就是被科学贬为"意见"，斥之为愚昧、落后、保守、不开化的"叙事性知识"。利奥塔指出，西方文化将科学置于知识金字塔的顶端，科学一统天下，并排斥非科学知识。但是科学在排斥叙事知识的过程中却出现了"合法性危机"，并最终不得不向叙事知识求助以获得合法性，这是一个讽刺。这就说明文化多元、知识多元其实是非常必要并相辅相成的。"因此，我们不能从科学知识出发来判断叙述知识的存在和价值，反过来做也不行：这两处的相关标准是不一样的。说到底，我们也许只需赞叹话语种类的繁多就够了，就像赞叹动植物种类的繁多一样。"（利奥塔，1997）[56]

利奥塔的思想提醒我们，不仅要关注知识的文化多元性，更要理解不同文化所蕴含的知识评判标准的差异。举例来说，中医与西医就是两种完全不同的知识体系，并反映出两种不同的知识评判标准。中医重视思辨，西医重视实证，例如，中医用阴阳“五行”来比附人体的五脏、中药的五味等，而西医的基础则是临床的人体解剖。中医的经络在西医中是无法进行生理解剖的。由于文化体系的差异，中医在西方医学界并未得到应有的重视，但是中医能治病却是不争的事实。另一方面，由于中医源于中国文化，因此，有医家指出，要理解中医学，不能只看医学文献，必须贯通中国文化史的儒、道思想以及民俗文化史料，才可以一窥全貌，即所谓“文史医学”的新学科体系（区结成，2005）[154]。这就说明了知识所蕴含的文化属性对于知识理解的重要性。

（三）阐释人类学的观点

吉尔兹开创的阐释人类学思想同样也表明了知识的文化性。吉尔兹(2004)[222]认为，任何知识的理解都必须恢复其原本的地方性框架，即把它作为“地方性知识”，并重在阐释其背后的地方文化语境。在阐释人类学看来，知识的表现形式就是语言，正如海德格尔所说，语言是存在的家园，阐释知识就必须对语言展开分析。吉尔兹认为，语言的文化分析既是必要的，也是十分复杂的，因为懂得甚至精通一个民族的语言并不意味着理解了它的文化性和民族性。吉尔兹以看棒球赛进行说明，即便你精通当地语言，但如果你不懂其规则、术语和特殊的表达方式，你仍然听不懂讲解，也难以真正去欣赏。同样的道理，例如“胸有成竹”这个成语，如果你没有对它的综合背景详细了解，尽管你理解了每个字的意思，也难以获得其表达的真正的文化意义。由此可见，知识、语言都不仅仅是一个认知的问题，认知只能解决表层的字面意思，知识与语言的问题更是一个文化阐释的问题，只有通过文化阐释，才能通达知识和语言的内在意蕴。由此我们可以做出一个推论，翻译不是一个简单的认知问题，而是更深层次的文化问题。

美国学者本尼迪克特（Ruth Benedict）关于日本文化的研究可以说是

阐释人类学的另一典范，她的研究表明，即使是处于同一社会发展阶段的若干国家，例如封建主义阶段，也会由于其文化背景的差异而呈现出不同的面貌。本尼迪克特（1990）[11]还主张以宽容的态度对待文化多元，她认为，“如果人们还在战战兢兢地保卫自己的生活方式，并只相信自己的生活方式是世界上唯一的解决办法时，文化的比较研究就不能发展。这种人绝不会懂得，获得其他生活方式的知识会增加对自身文化的热爱。他们把自身置于愉快和丰实的体验之外”。

阐释人类学对文化的重视同样也启迪了一些文学家的文学创作，例如，中国当代作家韩少功在《马桥词典》一书中对马桥人常用的一些语汇进行了“深描”，并力图指出这些语汇打上了历史和本土文化的烙印。如“革命”和“批判”，这两个概念对于文革中和文革后长大的两代人就会有不同的心理体验。

学校课程知识所使用的语言同样也打上了文化的烙印。例如，历史课程中最常用的概念“事变”（像“九一八”事变、“七七”事变、“八一三”事变等），都暗含着文化、历史的因素。有学者撰文指出，“事变”之称源自日本，1931年9月18日夜，日本侵略军突然袭击沈阳之后，开始使用“满洲事变”，而后“事变”概念开始在中国流传。而据1915年至1933年版的《辞源》考证，中国历史上的“事变”概念并不包括“外来侵略”的义项。那么，日本侵略军为什么要使用“事变”概念，“事变”在日本文化背景下又是怎样的含义？根据日本《广辞林》（1936年）的考证，在日本文化中，“事变”的含义是指“不得不出动警察进行镇压的意外骚动和暴乱”。也就是说，日本侵略者竟然将自己的侵略行为说成是镇压暴乱，把中国视作置于他们统辖范围之内的殖民地。显而易见，“事变”一词高度概括了日本侵略者的强盗逻辑，在战后的远东国际军事法庭上，“事变”也成为日本战犯狡赖罪责的主要借口（石子政，2004）。同样，如音乐课程中的京剧艺术，过去我们将其翻译为“Beijing Opera”，而Opera在西方文化中是指西洋歌剧，但是中国的京剧与西洋的歌剧是完全不同的艺术表现体系，因此，近年来联合国教科文组织将京剧直接音译为 Jingju。

三、全球化背景下的文化抉择

挖掘知识的文化内涵离不开特定的时代背景，我们所身处的时代背景是全球化，在全球化背景下，知识的文化诠释更需要关注知识所蕴含的文化多元和民族文化认同。

（一）课程知识与文化多元

开放社会必然带来文化多元，而对多元的宽容则是民主社会的基本特征。但是传统知识论哲学强调同一性排斥差异性，并在其所有的学科部类中压抑、整合和排斥作为他者的“他性”，从而彻底摒弃了知识背后的文化多元。鉴于此，后现代思想家主张解构同一性，凸显差异性。例如，费耶阿本德呼吁：现代西方文明正日益丧失多样性，并面临着单调性的严重威胁。他指出，工业化时代前的土著社会的本质是它们的多样性和本土化，每一种土著文化都与特定的居民相联系，并且发展出自己的文化和行为模式。与此相反，在工业化、全球化时代，即使“在地球最遥远的角落都能发现西方生活方式，……文化差异消失了，土著技术、习惯和组织被西方的所代替”。费耶阿本德（2002）[4] 认为，“那些不同于我们的文化并不是一种错误，而是对特定环境的适应性。他们发现了而不是错过了美好生活的秘密”。德利兹则主张用“差异逻辑”取代“同一逻辑”；哈贝马斯（2002）[43]也指出，由于多元差异主体的存在，现代社会需要“宽容”，即社会共同体“对他者的包容，而且是对他者的他性的包容，在包容过程中既不同化他者，也不利用他者”。总之，在差异逻辑中，世界是“和而不同”的。

学校课程同样也蕴含着多元文化的生命意蕴。例如，就课程知识的地域性看，有全球性知识、国家性知识、地方性知识与个人性知识等；从知识所蕴含的智慧形态看，加德纳提出人类有 8 种不同的智能形态，相应也就有 8 种不同的知识类型；另外，课程知识还会因民族、性别、阶级、职业等的差异而体现出不同的文化特征。

可以说，多元文化意识是当代课程变革的一个重要导向。例如，美国的高中教材《物理：原理与问题》就非常重视文化差异，教材中涉及的国家就有 10 多个，其中有关中国对世界科学文化贡献的内容有 5 篇短文。教材中指出，科学家可能来自不同地方，有不同的肤色，说不同的语言，对科学可能有不同的理解和不同的分析与解决办法。以《声音》一章为例，教材让学生描绘不同文化的音乐的风格异同，并让学生调查不同文化的乐器设计及其乐器发展史（杨广军，2006）。在音乐教育方面，成立于 1953 年的国际音乐教育协会更是将文化多元作为重要的指导思想，并反映在多次会议的议题中，例如，1958 年大会的主要目标是促进“东方世界和西方世界的音乐——作为国际理解的一种手段”；1963 年大会的主题是“音乐世界中的东方和西方与音乐教育”；1988 年大会的主题是“民族遗产的保存、民族多元文化的认可、民族身份的建构”等。美国《艺术教育国家标准》（以下简称为《标准》）更是将文化多元作为一根主要的红线，在《标准》的“音乐”部分，有许多关于多元文化音乐教育的成就标准，比如五至八年级的标准有“描述各种文化的代表性音乐体裁和风格的区分特征”、“比较世界几种文化中音乐的功能，音乐家的角色，以及这些音乐在表演时的典型条件”等；九至十二年级成就标准有“识别并描述能够体现两种以上文化传统影响的音乐体裁或风格，指出每一种影响的文化源流，并追溯产生这些综合影响的历史条件”（孟凡玉，2001）。

相比而言，中国传统的课程设计往往忽视文化多元的意识。其具体表现就是过分重视同一性，在同一性的诉求下忽视知识的文化差异，甚至按照“科学化”的程度强行在学校课程中制造种种形式的等级区分，结果不仅不能使学生形成多元认同，反而造成学生对强势文化的盲目追崇。例如，语文课文中的人物大多没有标明具体的文化背景，自然科学课程中也鲜有介绍不同民族对科学发展的贡献，而音乐课程几乎变成西方音乐的灌输，忽视本土音乐的多样性。以学校音乐课程为例，有音乐学者曾对26名江苏籍音乐系研究生进行调查，发现只有6个人亲自听过评弹，8个人亲自听过昆曲，由此可见，许多本土的传统音乐已经陷入“失语”的困境。更有甚者，一些地区以钢琴和西洋乐器的拥有数量来评估中小学的音乐教育质量，结果使许多少数民族学校被贴上音乐教育“落后”的标签。但是事实上，许多少数民族都有能歌善舞的音乐传统，这些民族音乐传统恰恰是最重要的音乐教育资源（管建华，2006）。

在课程知识中展现多元文化的差异，就是要将知识所涉及的人物与事件重新放回广阔的社会、历史、文化的语境脉络之中。以数学课程为例，从历史上看，数学的发展本身也是在一个社会、文化、科学发展的大背景中进行的，体现着多元文化的碰撞、冲突与融合，显现出很强的文化色彩。例如，数学中最简单的知识“记数法”，在历史上许多民族都曾形成了自己独特的记数方法，而在后来的文化交流过程中则逐渐地趋向融合（杜瑞芝，2000）[582]。又如“小数点”，现代小数点的使用分为两大文化派系：欧洲大陆派（德国、法国等）用逗号作小数点，而英美派则用圆点作小数点。中国使用的是英美派的计法。由此可见，即使是最微小的数学知识也打上了文化的烙印。另外，值得一提的是，很多数学家也具有多元身份，他们并不仅仅是纯粹的数学家，往往还是哲学家、物理学家等，而在当代社会，也有不少数学家同时扮演着经济学家、生物学家等角色。这也可看成是另一种形式的文化多元。例如，法国的帕斯卡既是物理学家，同时又是数学家、思想家，他的父亲也是数学家。16岁时帕斯卡就发现了著名的帕斯卡六边形定理，17岁写成了《圆锥曲线论》，19岁设计并制作了一台能自动进位的加减法计算器，被称为世界上第一台数字计算器。而传统的学校课程却仅仅在物理教材中提到他，教材的描述也只是把帕斯卡刻画为物理学家，忽视了帕斯卡在多个领域的卓越建树。

（二）课程知识与民族文化

在全球化时代，民族文化身份的认同同样也日显重要。当代社会学家吉登斯（Anthony Giddens）指出，全球化“不仅仅只是西方制度向全世界的蔓延，在这种蔓延过程中其他的文化遭到了毁灭性的破坏”（吉登斯，2000）[152]。西方一些学者更将全球化时代称之为“后殖民时代”，例如，斯皮娃克（Gayatri C. Spivak）指出：“我们生活在一个后殖民的新殖民化的世界之中。”（斯皮娃克，1990）[166]全球化通过解构本土文化而培养世界公民，但是这种“全球人”如果缺乏民族文化的认同，就有可能是无根的人。哈贝马斯（2005）[33]由此主张“扩展民法的范围，以把文化法包容进去。这些法律以同一尺度让所有的公民得以进入传统并归属一种文化共同体”。

面对文化冲击，许多国家的课程改革都对本土文化的认同予以高度重视，借以在全球与本土之间建立必要的张力。例如，韩国 20 世纪 90 年代以来的课程改革强调要“塑造 21 世纪的‘韩国人’形象”；日本 1996 年发表的《关于面向 21 世纪日本教育的发展方向》则指出：日本教育的目标是“培养具有丰富的人性和社会性、能够自立于国际社会的‘日本人’”。

为凸显民族文化的意识，课程开发尤其应该重视对本土文化资源的挖掘以及与外来文化的比较。以数学课程为例，现行的中小学数学课程几乎是西方数学的翻版。但是在历史上，中国数学也曾占据了一定的地位，而且由于中西文化的差异，中国数学与西方数学的发展道路也是不同的。中国文化重视实用，并表现在中国传统的筹算数学中；而西方文化重视理性沉思，并表现在西方数学传统中。有学者指出，在古代中国，数学从来没有被当作一门重要的“学问”，而仅仅是“技艺”，低级官员为了在为官时用到计算而学习数学，商人为了记账而学习数学，算命先生为了通过计算来算命而学习数学。职业数学家只有两种前途，要么在政府部门担任吏官，要么成为算命先生（梁贯成，2001）。而在希腊文化传统中，数学被视为一种思想流派，是一门受人高度尊敬的学问，柏拉图学院大门上就写着“不懂几何者莫入”。柏拉图（1986）[288]在《理想国》中还写道：“算学这个学问看来有资格被用法律规定下来；我们应当劝说那些将来要在城邦里身居要津的人学习算术，而且要他们不是马马虎虎地学，是深入下去学，直到用自己的纯粹理性看到了数的本质，要他们学习算术不是为了做买卖，仿佛在准备做商人或小贩似的，而是为了用于战争以及便于将灵魂从变化世界转向真理和实在。”通过数学的文化比较，可以引导学生反思民族文化改进的路向，增强民族文化建设的使命感。

另一方面，在课程中补充民族文化课程资源，也有利于引导学生增进对民族文化的理解和认同。例如，数学课程中“勾股定理”的介绍，传统的数学教材往往脱离历史和文化的脉络，引导学生采用实验方法或几何原理去证明。而事实上，中国古代数学家也曾经对勾股定理进行了卓越的证明，并且在世界数学史上做出了独特的贡献。在课程中补充这些中国数学史的资料，就有利于增强学生的民族自豪感和民族文化的认同。

围绕“勾股定理”，一位教师补充了如下的数学史材料，包括：(1) 西方数学家欧几里得之证明，以及欧几里得传略、几何原本记载勾股定理之证明，西方算术“几何”的特征；(2) 东方数学家赵爽之勾股圆方图说，赵爽传略，利用代数运算来证明；(3) 东方数学家刘徽之出入相补原理，刘徽传略，以出入相补原理来证明，东方算术的特征；(4) 比较东西方证明勾股定理之方法（朱哲，2005）。这些材料可以引导学生在文化比较中增强民族文化的认同感。

第五节　课程知识的伦理意蕴

知识论哲学将知识描述成价值中立和线性累积，忽视知识背后人的活动，看不到知识所蕴含的伦理意义。而生存论哲学则认为，知识本质上是一种社会建构，因而必然体现着人的价值抉择与人际互动，表现出人类的伦理关怀。例如，科学知识社会学家巴恩斯就指出，科学知识具有社会性，它是在个人偏爱与群体利益相协商的基础上形成的社会产品。科学哲学家库恩也指出，科学的发展是科学家共同体合作、对话、阐释、争论、妥协的结果。科学社会学家默顿则指出，科学知识暗含着科学家的精神气质，他概括为普遍主义、公有主义、无私利性、有条理的怀疑主义。上述思想家的论述均表明，即使是看似客观的科学知识，其背后都蕴含着伦理的维度。

一、知识之伦理性何以可能

在传统的知识论哲学中，知识与伦理分属不同的领域，前者是事实判断，后者是价值判断。在价值中立的知识论前设下，事实与价值之间长期处于紧张对峙的困境之中，因而，知识的伦理性也成为一个受到质疑的话题。

在西方哲学史上，休谟（David Hume）最早区分了“是”与“应当”，并提出了“是”如何推出“应当”的难题。休谟之后，把价值与事实截然分开的最典型代表是逻辑实证主义。逻辑实证主义认为，伦理道德的价值命题、传统形而上学的命题和美学意义上的价值命题，都不能通过逻辑分析加以证明，从而不具有逻辑意义；同时也不能通过经验来证实，从而不具有经验意义。也就是说，在逻辑实证主义看来，所有这些价值命题都是没有意义的，世界上有意义的只是具有“真”“假”意义的事实命题或者说真理命题。例如，维特根斯坦就认为：价值在一切发生的事实之外，世界上根本就没有价值这回事；以价值为目标的伦理学不是对事实、真理的陈述，因而也不能作为一门科学而成立。罗素在早期也曾指出，科学只讲真伪，不管善恶，涉及价值一类伦理问题，是没有客观标准的。他说，“我断定：虽然科学确实不能解决各种价值问题，但那是因为，它们根本不可能用理智来解决，它们不属于真伪的范围。任何可获得的知识，它必然是用科学的方法获得的；而科学不能发现的东西，人类是不可能知道的。”（罗素，1982）[147]逻辑实证主义的另一个代表人物石里克则试图用实证主义的客观性原则来改造传统的伦理学。

他指出："伦理学不是别的，而是一个知识系统；它唯一的目标是追求真理。""因为伦理学在本质上是理论或者知识，它的任务就不能是产生道德，或者建立道德，或者用道德去指导生活。它没有产生善的任务。"（石里克，1997）[11-12]

由于受到知识论哲学的影响，过去，在对待科学的态度上，往往存在两种极端的倾向。要么是像逻辑实证主义者那样对科学盲目乐观，以为凭科学知识可以解决一切人类的问题；要么像激进的存在主义者那样轻视科学知识，以为科学知识远离了人的存在。应该说，这两种态度都未超越事实与价值分离、知识与伦理二分的误区。国内学者赵汀阳（1999）也指出，"现代社会把科学当成了精神支柱。科学虽然是最好的知识，但却不能是精神支柱——知识再好也成不了精神。当我们用科学知识去替代思想和精神，就犯了一次错误，可是现在我们想纠正错误时却又去批判科学技术、知性和理性，这恰恰又犯了另一个错误，因为批判了科技和理性并不能因此就产生我们所需要的精神"。

事实与价值的对立已经给人类带来了重大的危机，对此，伽达默尔有深刻的论述。他指出，我们当代的"文明危机"是技术主宰实践，"实践堕落为技术"，忘却了实践原本具有的伦理关怀与生命意蕴（伽达默尔，1988）[63]。根据伽达默尔的观点，教育实践应该包含有效性和价值性两个维度，学校教育不能局限于思考"什么是有效的教育"，更需要思考"什么是好的教育"。唯有凸显学校教育的伦理之维，重视道德目标在学校教育中的引领作用，这样的教育才是可持续的、有生命力的。正如迈克·富兰（Michael Fullan）在《变革的力量——透视教育改革》一书中所指出的：如果学校没有道德目标，那么其变革的动力就只不过是"为变革而变革"（迈克·富兰，2000）[14]。

笔者认为，有关事实与价值的区分是知识论立场的结果，知识论哲学将事物看成客体和对象，而客体之成为客体，就在于它能与主体相分离。但是在生存论哲学的视野中，或者说在日常生活中，我们并未看到两者的截然分离。举例来说，当我们说"这个人很好"时，这种表述就并不仅仅是事实性描述，而是已经带着某种价值判断。生活本身总是事实与价值的统一，只有在脱离生活，采取理论的静观、主客的对立之后，才会有事实与价值的决然区分。这就是杜威之所以反对旁观者知识观而倡导参与者知识观的原因。总之，生存论哲学要求我们回到实践之中来重新理解事实与价值的融合。

当代科学实践哲学的发展，进一步论证了生存论哲学关于事实与价值关联、知识与伦理融合的观点。波普尔（Karl Popper）和怀特海指出，任何观察或描述本身都是由一个充满兴趣的解释框架加以指导或引导的。不存在任何兴趣上中立、理论上中立或形而上学上中立的观点。科学哲学中“观察渗透着理论”的观点正是对事实与价值合一的有力佐证。著名科学家莫诺（Jacques L. Monod）提出了“知识伦理学”的概念。他指出，“价值和知识在行动时就像在论述时一样，总是而且必然是相联系的”，“‘真正’的知识的定义，归根到底是建立在一种伦理学的假定之上的”。“行动使知识和价值同时发挥作用，或同时成为问题。一切行动都意味着是有利于或有损于某些价值的伦理学行动；或是构成了、或企图构成对价值的一种选择。”“很清楚，以客观性原理作为真正知识的条件的论断，构成了一种伦理学的选择，而不是构成从知识得出的判断，因为根据客观性假设自己的用语来说，在这种随意选择以前，是不可能有任何一种‘真正’的知识的。”（莫诺，1977）[129-133] 基切尔（Philip Kitcher）则指出，现代科学作为一种社会性事业，不可避免地与广泛的社会因素（政治、法律、道德、不同利益相关者等）紧密相连。现代科学的许多问题（例如转基因食品、药物研发等）对社会影响巨大，因而都需要在民主的框架下寻找社会的共识，而不是由科学家自主地进行所谓的独立研究。也即是说，从实践的角度来理解科学，科学就不可能是一种价值无涉的客观事业，正如基切尔所言，应该把“道德的与社会的价值看作是内在于科学实践的”。价值因素的引入带来了科学观念的重建：科学的目标不是真理，而是“有意义的真理”。“对良好组织的研究而言，最重要的东西是有意义的真理的标准。”（基切尔，2015）[132] “有意义”意味着科学不仅具有认识论层面的合理性，更需要寻找伦理层面的合理性。

二、知识伦理意蕴的可能向度

知识具有多方面的伦理意蕴，并表现在从知识探究到知识应用的广泛领域。

（一）知识探究的伦理意蕴

人类的知识探究活动总是需要遵循一些伦理原则，这些伦理原则常常表现为科学精神。

早在古希腊时代，毕达哥拉斯就把不计利害的科学的沉思活动与道德上的善结合在一起。他认为，从事纯理性的探索即是善。在毕达哥拉斯那里，科学的纯理性沉思、“无所为而为”的科学，乃是“最伟大的净化”，“唯有献身于这种事业的人”才是“真正的哲学家”。“无所为而为”的科学沉思好比运动会上的“旁观者”，比到会场上做买卖的人甚至是比参加竞赛的人都要高级（罗素，1963）[59-60]。由此可见，毕达哥拉斯明确地给科学的“无所为而为”的探索精神赋予了伦理价值的意义。毕达哥拉斯的这一思想是苏格拉底、柏拉图关于知识与道德相结合、关于知识即善的思想来源。

到了13世纪，罗吉尔·培根（Roger Bacon）则将知识、智慧与道德善恶联系起来，认为实事求是、反对迷信和权威就是最高的善。他说：“道德哲学是一切科学的目的，是一切科学之王，因为只有它教导人们精神善良。”（特拉赫坦贝尔，1985）[162]罗吉尔·培根认为，人们在掌握真理方面有四大障碍，即权威、习惯、成见和虚夸，“它妨害每一个人，无论人们怎样学习，都无法弄清楚他所学的问题，而总是屈从于谬误甚多、毫无价值的权威，习惯的影响，流行的偏见，以及由于我们认识的骄妄虚夸而来的我们自己的潜在的无知”。（北京大学哲学系外国哲学史教研室，1981）[285]他进而认为，认识和把握真理，必须要有德行的辅助。“被罪恶损坏了的灵魂就像一面生了锈的镜子，在那里面，不能清楚地看对象的‘属’，但是以德行装饰起来的灵魂却像一面被擦亮的镜子，在那里面，清楚地看到了对象的形式，因为这种理由，真的哲学家更努力于品行方面的道德的荣誉。”（北京大学哲学系外国哲学史教研室，1981）[291]总之，在培根看来，科学研究不仅仅是求真的过程，更是求善的过程。科学家必须具备良好的德行，才能真正接近科学的真理。“德行使人心灵明晰，使人不仅能更易了解德行，而且也更易了解科学的真理。”（北京大学哲学系外国哲学史教研室，1981）[290]

英国学者梅尔茨（John Theodore Merz）也指出，“我认为，科学探索者和哲学家现在已经充分了解，对真理的热爱实际上标示探索着的心智的道德态度，……如果真理和信念的道德观念从积极的工作者或探索着的思想家的灵魂中消失，那么，这该是可悲的经验、无比巨大的灾难；但是，我们之具备这些观念就像具备我们道德本性的其他珍宝，诸如善良和纯洁、优美和诗意一样”（梅尔茨，1999）[27]。

在现代，美国科学社会学家默顿提出了“科学的精神气质”的主张。他认为，“科学精神是带有情感色彩的一套用以约束科学人士的价值和规范的综合。这些规范以命令、禁止、偏爱和赞同的形式表现出来”。科学精神“在不同程度上内化为科学家个人品性的一部分，铸成了科学家的科学良心”（默顿，2006）[820]。默顿把这种精神气质称之为科学的规范结构，包括普遍主义、共有主义、无私利性、有条理的怀疑主义。笔者认为，默顿所提出的这些伦理原则对今天中国的课程改革仍具有重要的现实意义。因为与西方相比，中国公民的科学素养还不太理想，而全民族科学素养的提高不仅仅有赖于科学知识的普及，更重要的则是科学精神的熏陶。课程设计应该着力去体现、渗透默顿所提出这些伦理主张，从而为民族科学精神的形成、为中华传统文化在现代的转型做出应有的贡献。

默顿所说的普遍主义，是指所有人在科学研究中都享有平等的自由权利。正如默顿（2006）[822]所说：“接受还是拒斥某些学说进入科学的体系，不依赖于这些学说的倡导者的个人属性和社会属性，即与其种族、国籍、宗教信仰、阶级以及个人品质本身无关。”普遍主义的伦理诉求要求科学工作者在研究中自觉地抵制科学上的民族主义、种族主义、性别主义和各种形式的特权主义。例如，美国著名社会学家舒茨，他的正式社会身份是银行职员，他关于社会学理论的探讨都是在业余时间完成的，但是按照普遍主义的伦理要求，这些背景性因素不应该影响他的学说的科学性。共有主义是指科学研究成果是社会协作的产物，因此，它们是人类共同的文化遗产，所有科学工作者都有利用这些科学成果的自由。无私利原则是指科学家在评价任何具体科学思想时都不应带有任何个人利益的动机，亦即必须以严格的科学客观性来展开学术争鸣。有条理的怀疑主义即强调理性至上原则，反对盲目地崇拜偶像或权威，要求独立思考，善于质疑。

（二）科学团体的伦理规范

在当代社会，研究共同体是知识得以产生的重要社会背景。库恩指出，科学实践是在科学共同体的框架之下进行的，每一个科学共同体都有一套共同接受的信念，这些共同信念（范式）构成了科学研究的起点。科学家必须在科学共同体认可的范式之内开展研究，科学知识的合理性也只有在特定的范式之内才能得到解释。总之，库恩的范式理论表明，科学实践不是个人随意的行为，而是基于科学共同体的集体建构。知识是在共同体层面生产的，而不是科学家个体英雄主义式的独创。拉图尔则深入到实验室情境之中去透视科学事实的集体建构过程。他指出，在科学实践中，科学事实的建构并不是像传统认识论理解的那样，是一个简单的逻辑推理和演绎的过程，恰恰相反，科学事实的建构是建立在研究人员之间大量的对话、协商和交流之上的。传统的科学哲学将科学研究简化为“思维过程”，却忽视了科学共同体内部更本源性的科学交谈、对话、协商和互动。（拉图尔，2004）[152]科学共同体的存在意味着知识的生产还蕴含着科学共同体维度的伦理规范，这种伦理规范具体就表现为科学家共同体成员之间的合作、交流与对话。

例如，以丹麦物理学家玻尔为首的哥本哈根学派，聚集了一大批物理学家，这些科学家正是在亲密无间的合作中收获了累累硕果。科学家海森堡也说，科学扎根于交流，起源于讨论，科学活动作为创造性活动，创造性思维的火花往往来自讨论。科学哲学家波普尔（1987）[115]也指出，在所谓“第三世界”——思想世界中，“最重要的成员是批判性辩论”，波普尔称之“讨论的状态或批判辩论的状态”。总之，科学活动作为一种社会建构，必然与伦理规范之间存在密切的联系。

科学活动所蕴含的伦理意蕴正逐渐地在国内外一些课程设计与课程实施中得到体现。例如，美国科学课程很重视体现科学家的共同合作，如高中物理教材在讲到“量子理论”一章时就指出，量子力学是不同文化基础的物理学家的合作典范，他们虽存在观点差异和矛盾冲突，但是在合作过程中加深了理解，去谬扬善，达成共识，形成了比较一致而完善的观点。又如，莱特（Leite）设计的科学教材中科学史内容的分析评价表，其中一项是“科学发展中谁是可信赖的人”，其考查选项包括“孤立的科学家”（作为一个人从事科学发现的科学家）、“科学家小组”和“科学共同体”（马勇军，2006）。另外，比较中美两国科学教育的政策文献，不难发现，关于公民基本科学素养的要求，中美两国的相关标准都涉及多方面的伦理侧面。例如，知道科学和技术是人类共同的事业；利用科学知识和科学思维方法为个人或社会服务；科学是一项复杂的社会活动；科学研究中有着普遍接受的道德规范；科学家在参与公共事务时，既是科学家也是公民等。

（三）知识应用的伦理诉求

知识应用的伦理性已经成为人们关注的焦点。近百年以来，面对科学成果被滥用并对人类造成的灾难，科学家们出于自己的社会道义，越来越意识到科学伦理的意义。例如，爱因斯坦由于参加了原子弹的研制工作，常常感到良心的谴责。1945 年 12 月 10 日，在诺贝尔纪念宴会上，爱因斯坦发表了题为“赢得战争不等于赢得和平”的演讲，表达了科学家的道义责任。他说：“今天，参加过研制这种历史上最可怕、最危险的武器的物理学家，不说是犯罪，也是被同样的责任感所烦恼。”

有学者指出，在20世纪的百年历程中，科学家为反对科学技术成果被滥用而做出了不懈的努力，大致可分为五个阶段。第一阶段是20世纪二三十年代的反战、反生化武器运动。这一运动由法国著名科学家郎之万发起，呼吁人们竭力去阻止化学武器和细菌武器，倡导“科学要为人道做贡献”。第二阶段是20世纪四五十年代反对原子武器的和平运动。1946年7月，包括美国和中国在内的14个国家的代表在伦敦成立世界科学工作者协会，提出“科学促进和平和人类幸福”的宗旨。1949年通过《科学家宪章》，进一步明确了科学家的权利和责任。第三阶段是冷战结束后对环境问题和生态危机的关注。1962年卡逊发表《寂静的春天》，呼吁人们从人与自然的对立（“征服大自然”）转向人与自然的和谐相处。1972年联合国第一次人类环境会议召开，发表《人类环境宣言》，指出“只有一个地球”。1983年，世界环境与发展委员会发表《我们共同的未来》，提出“可持续发展”的观点。第四阶段则是20世纪60年代以来应对新科技革命的伦理挑战。20世纪60年代以后，新科技革命浪潮汹涌澎湃，高新技术迅速崛起，特别是随着信息技术和生物技术的迅猛发展，带来了许多新的伦理问题。第五阶段是围绕克隆人展开的伦理争论。（金吾伦，2003）

可以预见，随着科学的不断发展，与科学有关的伦理问题的探讨和争鸣也将与时俱进。例如，在人类早期的历史上，尸体解剖是被禁止的，并被视为不合伦理。但是在现代社会，遗体捐献却被视为高尚的行为。这些都说明，与科学相关的伦理问题是不断发展的，一部科学发展史，同时也是一部人类伦理思想的探索史。在21世纪的今天，人类科技发展所面临的伦理问题需要引起全人类的关注，并应该以适当的方式进入中小学的课程之中，例如，DNA重组、器官移植、试管婴儿、克隆技术、网络技术等。

在中国新课程改革过程中，许多科学课程已经有意识地在渗透和凸显知识的伦理意蕴。例如，北京师范大学新世纪版初中生物教材就非常注重科技伦理教育。整套教材在开篇就直面“生物多样性”，试图通过生物多样性的认识促使学生形成生物平等的观念，增强关爱生命的意识。教材还设计了许多与生物技术有关的伦理两难问题，引导学生展开生命伦理思考。如教材介绍了“克隆”试验，并指出，一方面人类对克隆人自身表示担忧，另一方面，“克隆病人自己的组织或器官，供病人自己利用，却会解除患者的痛苦并给其家庭带来福音”。在练习中，教材引导学生思考：“你赞同克隆人吗？为什么？”此外，教材还有大量与环境伦理有关的学习内容。(李高峰，2005)

第六节 课程知识的审美意蕴

一、技术时代的审美救赎

审美不是一个与生存无关的课题，恰恰相反，从生存论哲学的视野来看，审美是人类精神生活的重要内涵，尤其是面对现代技术社会中人的异化，恢复和重建生活本源性的审美向度已经受到许多现代思想家的重视。审美救赎已经成为破解现代人生存困境的一剂良方。

现代思想家们首先对现代技术社会的问题展开了深度反思。加拿大学者查尔斯·泰勒（Charles Taylor）指出，现代理性是工具理性，工具理性的特点就是忽略事物的自身标准，一切都要按效益或代价——利益的分析模式来决定，将人的一切行为纳入最小投入最大产出的刻板公式之中（泰勒，2001）[6]。在工具理性的支配下，人的生活活动变成单纯的工具操作，人成为“理性的动物”，世界也被程序化、符号化，失去了审美的意义。阿多诺（Theodor Wiesengrund Adorno）对启蒙运动进行了反思，认为启蒙运动正在走向自己的反面。马尔库塞（Herbert Marcuse）则指出，在现代社会，技术理性已经成为人类的枷锁，使人丧失了否定性思维的向度而仅仅剩下肯定性思维。作家王尔德则批评说：“我们的世纪是要多乏味有多乏味，要多平庸有多平庸。……伟大的中产阶级梦想——它们平庸、卑微、乏味。”（赵澧，1987）[128]

面对技术社会所造成的人的刻板化、机械化、平庸化，许多思想家都从审美的角度寻求解决现代性危机的出路。这是因为审美的“无功利性”可以抵消工具理性的功利性，审美的主动性和自由性可以消除工具理性的被动性和压制性。总之，面对技术社会的危机，审美所具有的“救赎”功能受到思想家们的高度重视。例如，韦伯明确指出，艺术提供了一种从日常生活之刻板化中解脱出来的救赎。海德格尔则要求我们由“技术的栖居”上升为“诗意的栖居”。所谓“诗意的栖居”，就是通过人生艺术化、诗意化，来抵制科学技术所带来的个性泯灭、生活刻板化和碎片化的危险。在其名篇《诗人何为?》中，海德格尔把技术时代称之为“世界黑夜的时代”，他说：“世界黑夜的时代是贫困的时代，因为它一味地变得更加贫困了。”（海德格尔，2004a）[281]在技术宰制下，“美妙事情隐匿自己，世界变得不美妙了”（海德格尔，2004a）[309]。而马尔库塞为摆脱“单向度的人”的困境，也主张通过艺术和审美来建立新感性。所谓“新感性”，就是把感性从理性的压抑中解放出来，使感性和理性达到和谐统一，从而以新的感觉方式知觉世界。在国内，朱光潜先生很早就提出了“人生艺术化”的口号。他说：“人生本来就是一种较广义的艺术。每个人的生命史就是自己的作品。”他同时指出，“艺术的生活就是本色的生活”，“就是有‘源头活水’的生活”，“也就是情趣丰富的生活”（朱光潜，2006）[107-113]。李泽厚先生也提出建立“新感性”的呼吁，他主张从工具本体发展到情感本体，使人在审美情感的陶冶中领会生命的意义。

二、知识审美意蕴的主要向度

一般而言，人文学科中的美容易被人们理解，而自然科学知识中的美却常常受到人们的忽视。因此，本部分的阐述主要以自然科学知识为背景。

在生存论哲学看来，科学活动与科学知识不是抽象的、冰冷的认知活动与规律世界，而是饱含着丰富的审美意蕴。传统的科技理性往往用实体性思维来理解知识，将知识看作抽象的符号，遮蔽了知识内在的审美意蕴。海德格尔对此曾进行了深入分析。他指出，传统的理性主义思维将真理与艺术进行区分，“迄今为止，人们都一直以为艺术是与美的东西或美有关的，而与真理毫不相干”，“真理归于逻辑，而美留给了美学”（海德格尔，2004a）[21]。海德格尔主张回到实践之中来重建科学与艺术的融合，在实践的视域中，真理不是抽象的符号，而是“解蔽”，是祛除知识刚性的外壳，重建知识背后鲜活的人类文化实践。如果把知识视作人类的“作品”，那么作品本身就已经“包含着一个世界的建立”（海德格尔，2004a）[31]，知识的学习不是简单地占有表面化的逻辑符号，而是进入知识背后的人文世界之中，并敞开知识赖以建立的人类的无限创意，在此过程中，科学与艺术其实是统一的整体。

这里尤其值得一提的是科学教育的先驱斯宾塞。虽然斯宾塞从功利主义的立场，按照各种活动的重要程度，将审美活动放在人类重要活动序列的末尾，但是斯宾塞也非常重视科学与审美的有机融合。他说：“现在让我们不要忽视另一件大事，即科学不但是雕塑、绘画、音乐、诗歌的基础，而且科学本身就有诗意。当下流行的把科学与诗歌对立的看法是个错误。……科学正是在那些不懂科学的人看来全是茫然的地方去开辟一些富有诗意的领域。研究科学的人经常告诉我们，他们体会所研究的对象中的诗意，并不比别人欠鲜明，反而更鲜明清楚。”他举例说：“你会设想一滴水，在俗人眼中看来只是一滴水，而一个物理学家懂得了它的元素是由一个力量集结在一起，而那力量突然弛放时可以引起闪电，在他的眼中那滴水会失掉什么吗？你会设想在普通人不经意地看来只是雪花的东西，对于一个曾在显微镜中见过雪的结晶的奇妙多样形式的人不会引起一些较高的联想吗？你会设想一块划了些平行线痕迹的圆岩石，对一个无知的人和一个知道一百万年前冰河曾在这岩石上滑过的地质学家，能激起同样多的诗意吗？事实上，一个从未做过科学探讨的人对于他四周的诗意大部分是茫然无知的。”（斯宾塞，1997）[85]总之，斯宾塞（1997）[86]指出，“科学本身就富有诗意”。科学美不仅无处不在，而且对科学发展具有多方面的价值与意义。

科学知识所蕴含的审美意义可以从如下几方面进行阐释。

首先，科学知识中蕴藏着科学家从事科学研究的审美动机。科学史学家沙利文（J. W. N. Sullivan）指出，科学家从事研究的动机从一开始就显示出是一种美学冲动（钱德拉塞卡，1998）[69]。许多伟大的科学家都非常重视科学美对科学探究中的动机激发和路向指引作用。例如，彭加勒（Poincare）指出："科学家研究自然，并非因为它有用处；他研究它，是因为他喜欢它，他之所以喜欢它，是因为它是美的。如果自然不美，它就不值得了解；如果自然不值得了解，生活也就毫无意义。"（彭加勒，1988）[357]彭加勒还对科学美的性质进行了分析，他认为科学美不同于日常生活中的感性美，我们感官所获得的美感虽然也有价值，但是这种感性美与科学无关。他认为，科学之美是一种"深奥的美"，或者说是一种潜藏在感性美之后的理性美。科学美具体表现为事物"各部分的和谐秩序"，这种和谐之美是我们用理智可以把握的（彭加勒，1988）[357]。爱因斯坦则指出，伟大的科学家常常是伟大的艺术家（卡拉普赖斯，2001）[152]。玻恩（Max Born）对爱因斯坦广义相对论中所蕴含的和谐之美进行了高度评价，他说："广义相对论在我面前像一个被人远远观赏的伟大艺术品。"（程民治，2002）杨振宁先生专门撰文《美与理论物理学》，探讨抽象的理论物理学之中的科学美。他开篇即指出，"科学中存在美，所有的科学家都有这种感受"，他还引用物理学家麦克斯韦的话强调，科学美"是一切知识之本，一切快乐之源，它构成了各种行动的前提"（杨振宁，1988）。总之，科学美可以说是科学家从事科学研究的深层次动机，正是在科学美的驱动之下，科学家才摆脱了世俗功利的干扰，从而专注于纯粹的科学研究。

其次，科学知识也饱含着臻美的科学研究方法。皮尔逊（Carl Pearson）指出："在我们人的存在中，有一种无法用形式的推理过程满足的要素；它就是想象的或审美的侧面，诗人和哲学家求助于这个侧面，科学要成为科学的，也不能无视这个侧面。"（皮尔逊，1999）[31]国内有学者将科学研究的方法分为三类：经验的方法（包括观察、测量、实验法）、理性的方法（逻辑、数学、统计法）和臻美的方法（直觉、对称、类比）（李醒民，1980）。最后一种就是在科学美的驱动下探索世界的方法。晚近以来，科学直觉、科学类比，尤其是科学隐喻日益成为科学哲学探讨的重要主题。有关科学隐喻的研究论文和专著大量增加，科学隐喻在科学发展中的合法性地位正在不断巩固和提升（郭贵春，2007）。刘大椿（2009）也指出，科学隐喻的认识论和方法论意义已经被许多科学家和科学哲学家所认可，例如，物理学家麦克斯韦就鼓励在科学理论的建构中使用包括意象、数学、图画、模型、隐喻等在内的多样化的思维形式，科学隐喻在科学研究中发挥着命名、解释和理论建构三大功能。总之，科学隐喻已经成为科学研究的重要工具。

最后，科学知识也蕴含着审美的真理评判标准。人们在科学活动中评判科学的真理性时，历来坚持经验标准和逻辑标准。经验标准即与经验事实相一致，逻辑标准是指逻辑上的自洽性或无矛盾性。但是，在实践中，往往是美学标准与经验标准、逻辑标准一起，参加对科学真理的检验，使科学真理中的真与美有机地结合起来。总之，科学真理的评判标准不仅仅是求“真”，同时也表现为臻“美”。对此，杨振宁先生也有深刻的论述。他指出，许多伟大物理学家的研究风格中都有审美的元素，科学美始终是他们科学研究工作的指导原则。“有时候，如果你遵循你的本能提供的通向美的向导而前进，你会获得深刻的真理，即使这种真理与实验是相矛盾的。”（杨振宁，1988）[5] 也即是说，当求真标准（与实验相符）和审美标准相冲突时，科学家可能会选择美作为评判真理的标准。例如，科学家狄拉克（Paul Dirac）就是沿着科学美的道路得到了关于反物质的理论。狄拉克也曾经指出，“使一个方程具有美感比使它去符合实验更重要”（杨振宁，1988）[5]。科学哲学家库恩（2003）[140]也指出，在科学理论的范式变革过程中，“美学上的考虑的重要性有时却是决定性的”，“新理论被说成比旧理论‘更灵巧’、‘更适宜’或‘更简洁’”。库恩（2003）[140]还指出，我们不能小看科学审美的重要性，虽然美学的考虑“往往只能吸引一部分科学家接受新理论，但新理论的最终胜利有赖于这部分人”。科学教材的叙事应该强化科学审美在科学知识发展中的重要意义。

三、科学美的内容与结构

关于美的分类，在哲学界历来存在争论。康德曾将审美情趣分为两种：崇高感和优美感，他认为这两种审美情趣是不同的，崇高感感动人，而优美感则迷醉人。康德（2001）[7] 指出，崇高感和优美感应该相辅相成，“崇高的情操要比优美的情操更为强而有力，只不过没有优美情操来替换和伴随，崇高的情操就会使人厌倦而不能长久地感到满足”。他还分析了性别差异，认为男士应该更多地培养崇高感，而女士则更多地陶冶优美感。

而在科学界，关于科学美的层次和分类，不同学者也有不同的看法，其中，杨振宁先生的观点比较有代表性。杨振宁先生认为，科学研究中存在三种不同类型的科学美，即现象之美、理论描述之美、理论结构之美。这三种美在抽象的层次上是不断提升的。

所谓现象之美，是指具体的物理现象所呈现的美感。例如大自然中美丽的彩虹、行星的椭圆形轨道、原子的谱线、超导性现象等。以行星的椭圆形轨道为例，当人们第一次发现这些轨道是完美的椭圆时，会在内心深处感到极大的喜悦，这就是科学之美的体现。不过，杨先生也指出，科学领域的现象之美不是仅凭肉眼就可以发现的，“有许多美丽的实验现象只有训练有素的人才能观测到”，也即是说，即使是科学现象之美，也是需要以一定的科学素养为基础的。由此推论，科学审美并非简单的直观，而是需要专业的训练。

所谓理论描述之美，是指理论能够精确地描述自然现象的能力。自然现象虽然复杂，但是科学家却能够用简洁、精确的语言来客观地描述，正是这种精确的理论描述使我们更好地理解了自然。例如，卢瑟福提出的放射性衰变理论就是一个有很高精确度的指数衰变定律，“直到今天，我们也没有发现对它的偏差”。这种理论的描述如此精确，不得不让我们感慨科学家的非凡创造力，这本身也是一种科学之美。

所谓理论结构之美，是指当一个理论公式化时，“它趋向于有一个漂亮的结构”，在物理学数学化的背景下，这种理论结构又通常表现为数学结构。科学家用抽象、简洁的数学公式来描述复杂的自然现象，这本身就是一种更高层次的美。“自然界为它的物理定律选择这样的数学结构是一件神奇的事，没有人能真正解释这一点。显然，这些数学思想的美是另一种美，它与我们前面讨论的美很不相同，物理的日趋数学化意味着在我们的领域内这最后一种美越来越重要。”（杨振宁，1988）

关于科学美的标准，不同科学家也有不同的理解，目前尚无定论。事实上，在科学发展的历史长河中，不同学科领域、不同科学发展阶段、不同的科学家可能会形成不同的科学审美的评判标准。不过，学术界一般认为，从根本上说，科学美与感官美是不同的，科学美主要是一种理性美、理论美。作为理性美，科学之美主要表现为新奇、简单、完备、对称、和谐、统一，这些可以看作科学家评判科学之美的最主要的维度（高文武，2005）。

虽然在科学界对科学美尚存不少争论，但是对科学美的肯定却是一致的。在学校课程中，我们完全可以根据具体的课程内容灵活地选择。而且，鉴于基础教育课程的基础性，科学知识中的美还需引导学生结合日常生活进行感悟。例如，数学中的“黄金分割”就是一种科学美，而且它在生活中还有大量的体现，从法国的巴黎圣母院到中国的故宫，从舞台上报幕员的最佳位置到《最后的晚餐》中犹大的排位，无不都是遵循“黄金分割”的实例。这些内容都可以有机地体现在教材中。

第六章 “对话”与“召唤”：教材设计的变革

知识有着丰富的生命意蕴，但是知识的意义性不是自我显现的，而是蕴含在知识之中，是隐而不显的。技术学视野中的教材设计仅仅将知识看成是静态的、凝固的符号体系，强调知识含义的复制与传递，而遮蔽了知识所蕴含的意义世界。

在生存论哲学看来，技术学范式的主要弊端是仅仅看到了作为在场者的“有”而忽略了作为不在场者的“无”。也就是说，技术学范式试图将知识符号解释得清清楚楚、明明白白，通过结论的简单呈现来进行知识的灌输，这种教材设计割舍、遮蔽了知识与宇宙万物的有机联系，最终使知识蜕变为工具。

海德格尔关于“作品”与“物品”的区分有利于我们重新理解教材的本质。传统的技术学范式将一切存在者都简化为“物”，甚至“在艺术作品中，物的因素是如此稳固，以致我们必须反过来说：建筑作品存在于石头里；木刻作品存在于木头里；油画在色彩里存在；语言作品在话音里存在；音乐作品在音响里存在”。但是，“作品”却不同于“物品”，“作品”总是要把别的东西公之于世，把别的东西敞开出来，所以作品就是比喻（海德格尔，2004a）[4]。作为比喻或隐喻，“作品存在就是建立一个世界，……作品张开了世界之敞开领域，……作品存在包含着一个世界的建立”（海德格尔，2004a）[31]。在生存哲学看来，教材不是“物品”，而是“作品”，也就是说，教材不是各种符号的简单堆积，而是由符号所敞亮的意义世界。

作为“作品”和“隐喻”，教材设计必须超越技术学的窠臼，必须从生存论的视野重新理解教材知识的选择、组织、呈现和学习问题。唯有如此，知识所蕴含的意义世界才能在教材中得到敞亮。

这里需要说明的是，虽然人们对课程有不同的理解，教材的本质也常常受到人们的质疑与争论，但是，从历史上各种课程改革的经验来看，忽视知识必然危及改革的持续性和生命力。可以说，知识应该是教材的一个最重要的组成要素。因此，本部分将以知识为焦点，探讨教材设计中意义的生成与展现。

第一节　知识的选择：从逻辑到人文

一、知识选择的工学模式反思

长期以来，教材设计主要局限于课程工学模式的视野之中。课程工学秉承技术学的研究路向，将教材设计问题简化为技术问题、工程问题。课程工学模式的主要代表人物是博比特、查特斯和泰勒等。博比特主张用“活动分析法”作为选择课程内容的标准。在博比特看来，课程设计的目的在于提升效率，而课程编制的基本方法就是展开活动分析，把人的活动分解成具体的和特定的行为单位，并由此出发去选择和组织学习内容。在《怎样编制课程》一书中，博比特把课程编制过程归纳成五个步骤：对人类经验的分析、工作分析、推导出目标、选择目标、制订详细计划（泰勒，1994）[8]。博比特运用活动分析法分析了人类经验的10个领域中的800多个目标。博比特的课程理论是在科学化管理运动普遍盛行的时代背景下产生的，其课程思想的核心是追求课程编制的科学化。所谓课程编制的科学化，也就是将课程编制看成是一种技术程序，借助于技术化、程式化的努力来达到课程领域的“效率”与“控制”。在博比特那里，我们很难看到价值判断与价值辨析的身影，课程所蕴含的人文性、生命性、价值性、权力性等都被遮蔽了。

泰勒的课程思想是博比特课程理论的延续，但是与博比特相比，泰勒注意到了课程领域必须面对的价值抉择问题，并表现在他所提出的课程编制的基本原理之中。他指出，要把教育哲学作为筛选教育目标的"第一个筛子"，并说："哲学的陈述实质上旨在界说一种良好生活和良好社会的性质。教育哲学中有一部分，就是要勾画一种令人满意的和有效的生活所不可或缺的价值观。"他还列举了教育哲学应该考虑的主要问题："受过教育的人是应该顺应社会？应该接受现存的社会秩序？还是说，应该试图改进他所处的社会？……对于社会中不同的阶级是否应该有不同的教育？"（泰勒，1994）[26]

但是，泰勒的兴趣并不在于判断什么价值是好的，以及教育应该具有什么价值，而在于技术的程序。也就是说，"泰勒原理"所关注的不是学校应该主张哪种教育哲学，他重视的是学校的教育哲学是否得到明确清楚的陈述。他说："为了使学校哲学的陈述能最有益地用作选择目标的一套标准或一道筛子，需要明确地陈述学校哲学，而且还要对其中隐含教育目标的要点予以详细说明。这样，这种清楚明了而又有分析的陈述，便可用来考察所提出的每一个教育目标，并注意到这个目标与学校哲学中的一个或多个要点是否吻合，是否与其中任何要点相冲突或毫不相干。"（泰勒，1994）[29]

然而，课程与教材内容的选择必然会涉及价值问题。康奈利（Connelly）和克兰迪宁（Clandinin）指出，课程内容的选择并不是一个简单的技术程序，而是充满了各种争论。"其中人们一直在实践和理论方面对它的目的和方法进行辩论。这个过程是充满理性的过程，选择者可以说明得以做出选择的各种理由。这些理由带有个人的、政治的和理论的意图，它们对编入课程的实际内容加以修正，由此对将要实现的实际目标加以修正。"（江山野，1991）[111]简言之，课程内容的选择具有理论性、政治性和个人性。所谓理论性，是指课程内容选择需要依赖于某种学术观点、知识基础。例如，在不同的哲学理论视野中，我们对知识会有不同的理解，认识论哲学视野中的知识观就不同于生存论哲学视野中的知识观。理论基础不同，其背后所反映的就是价值立场、价值取向的差异。所谓政治性，是指内容的选择总是反映了特定利益群体的需要。例如，在历史课程发展中，家长可能会更关注历史课程对于孩子个人发展的价值；学校可能更关注历史的社会意义；而大学的教授们可能更多地从史学理论的角度来审视。所谓个人性，是指课程内容的选择反映了课程编者的观点。无论是课程内容选择的理论性、政治性还是个人性，其实都涉及价值的抉择。因此，课程内容的选择是一个复杂的价值涉入、价值辨析和价值审议的过程。

二、知识选择的人文意蕴

教材不同于普通读物，普通读物的特点是资料性，而教材则是育人的媒介，因此，教材本源性地具有伦理的关怀和价值的引导。正如美国学者戴顿（Deighton）所说，教科书不同于一般的手册、词典、年鉴，“把教科书视为信息库，这是从它最没有价值和最无用的角度来看待教科书的”（瞿葆奎，1993）[109]。

加拿大学者贝蒂（Beatlie）则主张对课程材料进行价值判断，并将课程材料是否具有教育性作为一个重要的课题。他提出了判定课程材料是否具有教育性的四个标准：（1）明显的和隐含的目标表现为有价值的并明确摒弃了错误的信念或道德上受谴责的态度；（2）提出的教学策略和评价策略要尊重教师和学生的个人身份；（3）呈现的教材中包括的一切基本的信息和切题的信息，要准确合理、完整全面；（4）在评定所出现的立场、观点、信念时，要表明从中得出的价值观。贝蒂根据这四个标准分析了3套教材，指出它们分别属于有教育性、无教育性和错误教育性的（瞿葆奎，1993）[109]。

就中国的教材改革实践来说，笔者认为，长期以来教材编制的主要价值倾向是基于知识论哲学传统的学术理性主义路线。例如，我们经常将教材的编制问题归结为科学逻辑、学科逻辑与儿童心理逻辑的问题，这里反复出现的概念是“逻辑”，也就是说，教材的编制问题落入了逻辑的视野之中。然而，逻辑研究却是与价值问题完全不同的领域。罗素、怀特海、莫兰、弗雷格等人把逻辑定义为一种遵循“计算”规则的符号系统，“逻辑为一切思想和一切观念系统建立秩序和计算规则”（莫兰，2002）[189]。可以说，逻辑是传统知识论哲学研究的重要领域，逻辑研究逐渐走向形式化、精确化，导致了逻辑实证主义的产生。教材编制在知识论哲学的指引下，也将焦点集中到逻辑上。

苏联学者平斯基和戈林分析了教材编制中的科学逻辑与学科逻辑的关系问题。他们指出，“科学逻辑和学科逻辑之间的联系的性质，至今为止不但没有得到详尽的分析，而且甚至于对这些术语本身的意义还缺乏同义的理解”（瞿葆奎，1993）[155]。他们对学科逻辑和科学逻辑进行了区分，认为教材编制中的学科逻辑不同于学术研究中的科学逻辑，学科逻辑是对科学逻辑的教学论加工之后的产物。“教学论加工”包括教育目的、儿童心理逻辑以及特定的教育条件（如教学手段、教学组织形式等），在这里，“教学论加工”的概念内涵其实已经涉及价值问题。但是，由于他们关注的是“逻辑”问题，因此，对价值与意义问题缺乏论述。正如他们所言，“在科学中，逻辑至少履行着两种职能：这就是现有知识的组织和结论性知识的获得。逻辑在学科中也同样履行着这些职能。因此，我们将把学科逻辑理解为课本知识功能的规律性体系，其中包括构建教材的机制、该门学科中结论性知识的获取方式、公认的判断的论证和证明的体系”（瞿葆奎，1993）[164]。总之，平斯基和戈林虽然看到了教材编制中的学科逻辑与知识论中的科学逻辑的不同，但是他们的理解却仍然深陷在技术学的视野之中。

知识论哲学对逻辑的关注，使传统教材编制中的内容选择更重视事实性知识、普适性知识、学术性知识，而忽视课程内容的人文意蕴。正如埃利斯（Arthur K. Ellis）所说：“无论是通过课本，还是其他资源和方法掌握知识，知识中心课程关注的焦点始终是学术性。这就将我们引向了一个与此密切相关的知识中心课程的关键——学习者的智育方面的成长。”（埃利斯，2005）[121]布鲁纳的结构主义课程理论所强调的学科结构就是典范。他列举生物学中的“向性”，代数中的交换律、分配律和结合律，以及本族语的语法规则来说明学科的基本结构问题，其关注的焦点始终局限在学生认知发展的侧面。

生存论哲学则要求我们超越知识论的窠臼，也就是说，教材内容的选择不仅仅是一个如何发展学生智力的问题，更应是一个生命生成的问题。因此，教材内容选择的标准不仅仅是认识论的标准，更应是价值论的标准、生存论的标准。在生存论、价值论视野中，教材内容并不仅仅局限于规律性知识、事实性知识，而同时也应涵盖历史性知识、文化性知识、体验性知识等。生存论哲学要求我们将知识选择的话语主题由传统的学科逻辑问题转向人文关怀。

三、例证与诠释

笔者拟以历史性知识为例来说明教材知识选择的人文意蕴。

库恩曾指出，科学知识的发展不是线性的累积，而是范式的重建。也就是说，知识发展中的历史性因素是不可抹去的。库恩的理论因此被划入历史主义的阵营之中，并与逻辑主义的传统科学哲学相对峙。但是技术社会对“改革”和“进步”的迷恋却使我们忘却了知识的历史性，其突出表现是各门学科中历史性材料的隐退，例如，医学史在医科大学几乎无人问津，甚至历史学科也变成了前沿性历史结论的陈述，而忽视了历史学的历史性。

历史性知识的遗忘反映在学校课程的知识选择之中，其典型的表现就是科学教材中科学史内容的贫乏。在 20 世纪 80 年代，有学者分析了 30 本葡萄牙的和 15 本英国的物理和化学课本，发现其中只涉及了很少的科学史内容。20 世纪 90 年代，有的学者在分析了西班牙 13 本物理和化学课本后指出，“在科学教材中，科学史并不是一个受欢迎的主题。实际上，在多数教材中没有历史知识，即使出现也很肤浅并且不是主角”。另外，一个对 4 套 10 年级葡萄牙化学教材的分析研究也表明，教材中提及了少量历史事实而且通常出现在正文旁边（马勇军，2006）。

从生存论哲学的视野看，历史性知识以及知识的历史脉络对于我们的生存具有至关重要的意义。因为人之存在是历史性的存在，只有借助历史我们才能更好地理解当下的生活。海德格尔的著作《存在与时间》之所以要从时间的角度来揭示人的存在，就是因为时间性、历史性是人最本源的存在形态。因此，海德格尔（2006）[427]指出，历史首先不是作为历史学的理论研究对象来显现，而是更原始地扎根在我们的生存之中。也就是说，正是由于我们的存在本身是时间性、历史性的，所以我们才需要历史学和历史研究。舒茨则从社会学角度指出了历史之于人的生存的意义，他指出，工业化背景下人口的大规模流动导致了“陌生人社会”的来临，“陌生人”的特点是“没有过去”，因此，尽管他所要接近的群体的文化模式是他可以“进入”的，但却是难以“融入”的，因为他的生活历史处于这个群体的过去之外。舒茨的分析说明，人的种种社会身份（如公民身份、种族身份、民族身份等）都是由特定的历史所形塑的，离开历史我们就会成为“陌生人”。

在生存论哲学看来，我们不仅需要在教材中充实历史性知识，而且还必须使历史与我们的生存相关联。为此，需要从如下三个方面来进行改进。

首先，生存论哲学要求我们必须树立正确的历史观。生存论视野中的历史观认为，历史不是事实与规律的堆积，而是人的生活史，是人对生活的种种可能性的历史筹划的展现。因此，历史研究的逻辑起点不应该是种种抽象的概念和范畴（例如“政治”“经济”“文化”等），而是人的现实的生活。海德格尔以博物馆里保存着的古董为例进行了阐释。古董现在还“在”，还不曾过去，那么它在何种程度上是历史的呢？或者说“什么‘过去’了”？海德格尔（2006）[430]分析说，古董中的“过去无非是那个它们曾在其内来照面的世界……那世界不再存在。然而一度在那个世界之内的东西还现成存在着”。也就是说，古董的“过去”是它曾经牵连着的人的生活世界与生存样式，古董的过去史本质上是人的生活史。历史作为人的生活史，也就意味着，历史性材料的拓展，包括知识发展的社会背景、思想争鸣以及思想家个人的生平逸事等，都应该有利于帮助学生理解历史上人类对生活的种种筹划。历史新课程从传统的宏大叙事向生活叙事的转变正是这一思想的体现。

其次，生存论哲学要求我们基于“现在”和“将来”理解“过去”。因为本源性的时间具有“绽出”的性质，海德格尔（2006）[461]说：“时间性以绽出视野组建着此在的明敞。”“绽出”意味着在时间的绵延中，“将来”才是我们的立足点。因此，历史学与历史研究不应该局限在“过去”，而应该立足“未来”。也就是说，不能将历史视作僵死的“过去”，而应该从“现在”和“未来”之生存的角度来领会历史，使历史在与人之现实生存的遭遇中敞开它的意义。正如海德格尔（2006）[446]所说：“历史学愈是简单，愈是具体地从可能性方面来领会曾在世的存在并‘仅止’表现这种存在，它就将愈深入地开展可能之事的静默的力量。”例如，我们可以从科教兴国的时代使命来考察“西学东渐”的历史。事实上，关于各种事物的历史叙事已经成为出版界的热点，例如霍金的《时间简史》、卡普兰的《零的历史》、弗里兹的《煤的历史》等都创下了不菲的销售业绩，这些也正说明，现代人希望通过进入历史来更好地理解当下的生活。

最后，生存论哲学要求我们在教材中恢复和重建知识的时间维度。知识不是一个凝固的、静态的符号体系，从功能性思维的视野来说，知识本身就是人类的文化实践，是充满生成、动态、变化的生命历程。康奈利和克兰迪宁就主张从叙事学的视角来重新理解课程知识，认为课程知识不仅有逻辑的维度，更重要的是具有时间的维度、道德的维度、情感的维度和审美的维度（康奈利 等，2004）[23]。不过，课程知识的种种人文意蕴，例如，知识的道德维度、情感维度、审美维度等，只有在时间之中才能显现出来。因此，可以说，恢复和重建课程知识的时间维度是使课程的人文意蕴得以敞亮的关键。课程知识在时间维度的开展，就意味着教材的编制不是简单的逻辑问题，不是冰冷的概念演绎，而是一个有关人类文化的故事。教材编制就是叙说人类文化的故事，并且唯有在生动的叙说中才能使文化的意义无尽地流淌。

第二节　知识的组织：从分科到统整

一、课程统整的历史发展

教材的统整问题是近代以来课程探究的一个重要的理论与实践问题。比恩（Beane）将课程统整的理论基础追溯到 1895 年赫尔巴特提出的统觉论。后来他的弟子组成赫尔巴特学社，倡导围绕“文化阶段”以联系分立的科目，使学校教育的顺序与文明发展的顺序相符。这时的课程统整本质上是知识的统整。

到了 20 世纪 30 年代，美国进步主义运动盛极一时，帕克（Parker）、杜威等人则提出了儿童中心的统整方案。例如，杜威（1981）[116]就指出：“已经归了类的各门科目，是许多年代的科学的产物，而不是儿童经验的产物。儿童的生活是一个整体，他们从一种活动转到另一种活动，从未意识到有什么转变和中断，而是结合在一起的。儿童一到学校，多种多样的学科便把他们的世界加以割裂和肢解了。”

20 世纪末以来，课程统整问题更是受到世人的广泛关注。例如，香港课程发展议会公布的《学会学习：终身教育，全人发展》（2001）强调：“我们认为综合学习经历（综合科目）和以学科为本的研习（例如物理）对学生同样有裨益，故此，我们须让学生有机会同时接受两种研习方式。”2001 年 7 月，教育部颁布的《基础教育课程改革纲要（试行）》也提出：“小学阶段以综合课程为主”，“初中阶段设置分科与综合相结合的课程”，倡导综合课程、开设综合实践活动已经成为课程改革的重要举措。而台湾于 2000 年公布的《国民中小学九年一贯课程暂行纲要》也将基础教育课程体系整合为七大学习领域，以取代原有的小学 12 科、初中

22科，以整合化、生活化的学习取代支离破碎的学习，以统整课程取代学科课程，来培养具备人本情怀、统整能力、民主素养、乡土与国际意识，以及能进行终身学习之国民（林智中 等，2006）[105]。

二、课程统整的两种不同视野

通过课程的统整来引导学生展开积极的对话、生动的诠释和意义的领会，这已经成为课程设计的重要导向。课程的统整性之所以受到世人的高度关注，是因为它更重视人之为人的完整性、能动性，更能引导学习者领会生存的意义。阿斯加尔（Asghar）等人就指出，“当一事件愈具有意义，愈深入或愈精致地处理，愈能置于情境脉络，愈植基于文化、背景、后设认知以及个人的知识中，便愈容易理解、学习和记忆”（阿斯加尔 等，2003）[10]。比恩（2003）[48]区分了统整课程与分科课程的差异，认为分科课程误把学科知识当成教育的目的而不是教育的手段，使学生的学习蜕变为记忆特殊的词汇或是某些附属的技能，而不是去学习学科真正关心的内容和其旨趣。统整课程则不同，在统整性课程中，知识与我们广泛的生活背景相联系，在复杂的生活脉络下，知识并非“为未来做准备”，而是有其现实的重要性和目的。

不过，课程统整要真正切近学生的生命世界，就必须对统整的中心或主题进行审慎的思考。这里，有必要区分知识论和生存论两种不同的课程统整观。

知识论哲学也强调知识的统整，甚至可以说，寻求知识之间的统一性一直就是知识论哲学的重要使命。但是，知识论哲学主要是从实体性思维出发来理解知识的统一，因而其关注的焦点是知识之间形式上的统一，即试图建立某种“普适语言”，“把各种单独的科学的概念系统都包括在内作为其成员”，从而构成“统一的科学”（克拉夫特，1999）[142]。在寻求“普适语言”和“统一科学”的进程中，知识论哲学人为地在知识之间建立等级与秩序，并由此搭建了知识的等级帝国。数学和自然科学被视为知识帝国中的典范，而人文科学则被边缘化，甚至失去其存在的合理性。正如斯诺（1994）[4] 指出的，对同一性的盲求使“整个西方社会的智力生活已日益分裂为两个极端的集团”，“一极是文学知识分子，另一极是科学家……二者之间存在着互不理解的鸿沟……有时还相互憎恨和厌恶”。可以说，近代知识论哲学试图寻找统一科学的努力不仅没有成功，反而导致了人类知识与文化的分裂与对峙。同样，如果课程的统整试图在不同学科、不同领域的知识之间找寻共同的理论结构，其结果注定也是行不通的。

生存论哲学则主张从生活出发来进行课程统整。生活之所以可以成为课程统整的中心，是因为生活不是一个抽象的概念，而是蕴含着具体的情境、具体的时空和具体的事件的意义之网。在生存论哲学看来，我们生存的世界原本就是由无穷的意义之网编织而成的开放宇宙，世界中的万事万物都是这意义之网中的一个节点，而且是具有“全息性”的节点。也就是说，每一显现的事物都是以无穷无尽的隐藏的事物为背景，为衬托。因此，唯有使知识扎根到学习者具体的生活情境之中，这种知识学习才能让学习者感受到知识之间、事物之间以及知识与生活之间的种种或隐或显、或远或近的联系。同时，也因为这种学习统整在学习者的生活之中，所以也才能够唤醒学习者的生存意识。

以生活为中心进行统整，这不仅仅是课程统整的中心的转换，更重要的是两种不同的思维范式的区隔。知识论哲学主张以逻辑为中心进行课程统整，这一思路的背后反映的是传统知识论哲学对“求同”的强烈诉求。而生存论哲学主张以生活为中心进行课程统整，就是要求我们由“求同”转向“求通”，张世英先生称之为从“纵向超越”转向“横向超越”。在横向超越中，教材知识的等级性被彻底打破，知识之间不再以其理论的抽象性水平而被分为不同的等次，所有的知识都是平等并且相互联系的；知识之间的联系也因生活问题的差异而呈现出不同的表现形态。

三、课程统整与意义的显现

从生存论哲学的视野来看，课程统整的目的并不仅仅在于引导学习者把握知识的联系，更重要的是引导学习者领悟生活的意义。为此，课程统整需要着重考虑三个问题。

（一）建构“求通”的思维范式

卡西尔指出，知识之间之所以不能相通，最重要的原因在于我们思维方式的缺陷。传统的知识论哲学秉持实体性思维，将知识看作静态的、原子化的实体，强调知识之间固定的、僵化的学科边界，这种理解看不到知识之间的有机联系，因而也就不可能生发生存的智慧。卡西尔主张从功能性思维的视野来重新理解知识，“用功能性的理性思想取代黑格尔体系中统摄和弥漫着的实体性的理性思想”。所谓功能性的理性思想，是指返回人的精神实践之中，“在精神自身持续不断的劳作中去寻找理性”（卡西尔，1988）[15]。卡西尔倡导的功能性思维，其实质就是要求哲学从认识论转向存在论，返回人的生命实践，将知识看作是人类的文化实践活动、文化创造活动。知识实体性观念的消解，其实也就意味着人类思维方式的重大转变。

在国内，张世英先生对传统认识论哲学的“求同”思维进行了批判，呼吁哲学思考要从传统的“求同”转向“求通”。他指出，传统的认识论是主张“求同”，即强调事物的同一性，力图去把握现象背后的所谓根底。然而，任何一个事物都与宇宙万物处于或远或近、或直接或间接、或有形或无形、或重要或不重要的相互联系、相互作用、相互影响之中，简言之，每一个事物都与宇宙万物之间存在种种隐性的联系，因此，事物其实是无根无底的。张世英（1999）[11]主张哲学要从传统认识论转向存在论，在人的当下存在中，我们关注的不应该是事物的“根底”与“相同”，而是事物之间的“联系”与“相通”。哲学家德勒兹（Deleuze）也表达了同样的思想，他以“茎块式思维”来形象地描述知识之间的相通（王治河，1998）[44]。在茎块式思维中，每一种知识其实都是人类文化之网上的一个“节点”，我们从每一个节点出发，都可以通达文化的全貌。以自然科学知识为例，如果我们仅仅将科学知识看作是概念和命题体系，那么不同的知识之间就难以找到相通之处，自然科学与社会科学之间的隔阂就会更大。但是当我们把科学看作是人的活动、文化的创造，那么科学知识与社会文化、历史、经济乃至伦理、艺术的关联就会清晰呈现出来，正如科学知识社会学的研究所指出的，科学是一种社会建构，科学的发展本身就与社会文化的诸多因素紧密关联。总之，唯有在"求通"的思维中，知识之间的统整才是可能的。

（二）扎根当下的生活实践

生存论哲学强调以生活为中心进行课程统整，这是因为，知识的意义阐释只有扎根在当下的生活之中才是有生命力的。

以语言教育为例，古德曼提出的全语言教育理念就是以生活为中心进行课程统整的一个典型的案例。古德曼指出，传统的语言教育主要有四个问题。第一是"由下而上的学习观"，即将学习内容肢解为一个个的碎片，例如，从字母、字音、词语、句子开始学起，然后逐步由细节上升到整体，这种学习完全违背了儿童学习的规律。第二是"人工化的技能程式"，即将语言异化为人工化、程式化的技巧训练，就像动物园训练动物表演那样，这使学校变成了一个"充满挫折和迷惑的地方"。第三是"为语言而语言"的错位焦点，即让学习者像语言学家一样去分析讨论语言，而"忘记了学习语言是为了表达或理解"。第四是"无趣、无意义、不相关的课程"，听说读写的内容与学习者自身的生活经验毫无关联。而全语言教育则恰恰相反，全语言教育重视语言与学习者生活经验的相关，学习者必须是为了自己生活上或学习上的需要而使用语言，而且学习语言不仅仅是学习语言本身，而是更重视语言所传达的意义。由此出发，全语言教育强调语言学习中三个维度的整合，即语言本身、与语言有关的知识以及通过语言学习事物。"语言学习的这三种向度，从一开始就在完整的语言情境中同时进行着。"（古德曼，2005）[6-11]

香港学者郭懿芬将全语文的理念运用于中学语文课程设计中，并创造了许多充满生活气息的学习单元。例如，"我是小作家"单元统整了六个方面的内容：写作（新诗、散文、与友人通讯等）、聆听（写诗苦与乐）、阅读（精读、略读）、说话（写诗苦与乐）、励志书签制作、专题报告（个人创作集）。单元的设计以阅读新诗为起点，进而学习写作新诗。新诗是一种不受形式限制（自由诗）、最能记录作者感情的文学体裁。单元的设计是让同学通过各种语文活动学习创作，发展他们所需的语文能力，并运用所学制作个人创作集（专题研习报告），以体味语文学习的趣味，培养积极学习的态度，引领生存意义的建构（林智中 等，2006）[208]。

比恩也强调以生活为中心来进行课程统整。他举例说，可以设计一个与科技、生活空间、健康等概念有关的“未来生活”单元，学生可以调查同伴的看法，将结果列成表格，与其他预测做比较，并提出研究报告。学生也可以仔细研究科学、休闲、娱乐或社会趋势，并且对这些领域中的某一个或某几个领域做未来的预测或描述。或者他们也可以提出对当地社区污染、健康、休闲、交通与环保等措施的建议；或者研究老化对脸部特征的影响，想象他们年老时的长相。在这样的教学活动中，学生所学到的知识是不可限量的：其中有资讯的获得、价值的形成，当然也包括各个学科领域所要求的内容和技能（比恩，2003）[6]。

（三）重建知识的语境脉络

知识作为我们生存的有效工具，其产生和发展必然也蕴含着复杂的情境脉络。对此，当代科学哲学家进行了深入的分析，并且呼吁科学哲学进行“实践转向”，科学实践哲学也日益成为科学哲学研究的重要潮流。

科学实践哲学从实践出发对科学理论进行意义重建，认为科学理论本身就具有地方性、情境性。伽达默尔指出，抽象的理念只具有“图式”的有效性，能够被我们理解的知识一定是在具体语境中显现的知识，伽达默尔在这里强调了知识的语境关联性。当代科学实践哲学的代表性学者劳斯则进一步破除了普适理论的幻象。他指出，根本不存在所谓的普遍性理论，所有的理论都是地方性知识，都蕴含着特定的情境脉络。劳斯则把库恩的“范式”描述为“解难题的范例”，认为“理论内容根植于对典型问题的标准的、范例性的解决方案中”（劳斯，2004）[88]。换句话说，“理论”只不过是“对特殊问题的范例性解答”，因此，“理论理解的发展是从一个具体的案例转向另一个具体的案例，而不是从理论概括转向特殊的应用”（劳斯，2004）[88]。简言之，所有的科学理论都隐含着复杂的情境脉络。拉图尔则把科学理论比喻为复杂的行动者网络之中的一个个节点，每个节点都联结着复杂的元素。“当‘理论’转变成为‘抽象的’对象，割裂了它们所联结的元素时，就大为不妙了”，因此，他主张废止“抽象理论”（拉图尔，2005）[391]。

拉图尔对实验室的人类学研究能够很好地诠释科学知识的复杂情境脉络。在一般人心目中，科学知识似乎是“理性”和“秩序”的化身，但是拉图尔对实验室的研究表明，科学的真实形象并非只有理性的维度，科学也并非只是一个纯然的理智过程。首先，作为科学知识生产的中心场所的实验室并不是“静悄悄”的，而是充满着各种争论。其次，科学家不仅仅是动手做实验，更需要运用专业文献来展开辩论，而且随着争论的扩大，就会有越来越多的论文卷入其中，“在讨论的每一个阶段都需要越来越多的论文，而它们又进一步激起了越来越多的论文”（拉图尔，2005）[65]。最后，科学家还是社会活动家，为获得研究的资金，科学家必须展开“说服”的工作，必须吸引其他人对实验室感兴趣，从而使分散的社会资源结成庞大的网络。更有趣的是，研究主题越是深奥，就越是需要科学家积极的行动，从而产生更大更宽的网络，以使科学研究能够实际上发生（拉图尔，2005）[262]。

总之，拉图尔对实验室的分析表明，科学知识的生产并不是简单的理性思考，而是涉及复杂的人与物的介入，是一个复杂的社会性过程，因而具有复杂的社会性维度。课程知识的统整不是抽象地梳理知识之间的关联点，而是要扎根到科学知识生产的具体语境中，通过重现科学知识生产的过程来统整科学复杂的语境脉络。

第三节　知识的学习：从占有到对话

生存论哲学要求我们重新理解学习的本质。传统的学习观深受认识论哲学的影响，认识论哲学不仅将学习的对象视为客体，而且也将学习者本身视为客体，并试图采用物理主义的方法来研究人类的学习行为。例如，行为主义心理学以动物为实验对象来类推人类的学习，认知主义心理学以计算机来类比人的学习等，都是用物理主义的方法来解释人的精神实质。这些学习理论将学习简化为一套技术操作程序或心智技能规则，而忽视学习所蕴含的历史、文化、社会、人格等诸多方面的语境脉络。

生存论哲学则要求我们超越主客二分的对象性思维，在非对象性思维的视野中，学习不是主体对客体的简单占有，不是简单的心智技能，而是学生与知识之间的心灵对话，并在对话中达成视域的融合和意义的生成。

一、理解与对话："学习"本质的重建

生存论哲学认为，领会和解释是人的存在的基本样式，正如海德格尔所言，唯有在领会和解释中，世界的因缘与意蕴才会向我们敞亮。而且，"此在"也只有在领会与解释中才能"向着可能性筹划它的存在"(海德格尔，2006)[173]。总之，海德格尔通过现象学的分析告诉我们，领会和解释是比理论认识更为本源的存在样式。因此，真实有效的学习活动并不是对理论概念的简单记忆，而是学习者主动的领会与解释。

以施莱尔马赫、狄尔泰、伽达默尔等人为代表的哲学解释学则更是凸显了学习活动的理解性本质。狄尔泰认为，传统的认识论哲学要求排除认知主体的主观性，但是对精神现象的把握却需要"艺术性的理解"，而这种"艺术性的理解"恰恰是建立在主体的创造性基础之上的。换言之，对于精神现象的诠释实际上是对理解对象的主观的重建。狄尔泰据此推论说，由于读者可能具有比原作者更为丰富的知识与体验，因此，

可以比原作者更好地理解文本，理解作品背后的、作者也未意识到的意义，而且通过诠释所体验表达的东西比作者意识中存在的东西可能更多（洪汉鼎，2001）[91]。

不过，狄尔泰的立场却是传统的认知主义，他所追求的仍是如何消除主观偏见以便“客观地”把握作者的原意，这就使狄尔泰的解释学一直徘徊于知识的客观性与诠释的多义性之间，始终未能摆脱相对主义的困扰。美国学者林格指出，施莱尔马赫、狄尔泰的解释学本质上是一种重建的解释学，他们把理解仅仅当作一种重建的过程，而不是当作一种包含解释者自身解释学情境的富有创造性的过程。而伽达默尔则公开承认偏见在所有理解活动中所具有的创造性力量，这就使他处于同那种力求在解释中达到无偏见的客观性的科学理想明显对立的地位（伽达默尔，1994）[7]。在伽达默尔看来，偏见是我们理解的“前结构”，偏见是不可消除的，因为正是偏见的存在才体现出我们是作为一个处于特定的社会历史文化语境中的具体的人来参与理解，否认偏见只会导致抽象的人；同时，偏见的存在也表明：任何理解都是创造性的理解，都是读者的视域与作者的视域在对话中达成“视域融合”的过程。概而言之，理解不仅是方法论，更是我们最基本的存在形态。

伽达默尔的解释学凸显了文本意义的开放性、多元性、生成性。在解释学看来，文本不是僵死的物品，而是蕴含着作者的视域，因此，理解也就不是对作者原意的机械复制，而是作者视域与读者视域的碰撞、对话和融合过程。每一次理解都是一次意义的生成。而且在时间的历史进程中，这个过程是无穷无尽的。

总之，在哲学解释学的视野中，学习的本质需要重建，学习不是简单地“占有”知识、“掌握”知识，而是学习者与文本之间展开主动的、创造性的对话，并且在对话中生成新的理解。

二、对话：教材功能的再定位

意义性学习不同于知识性、占有性学习。意义性学习要求将教材知识看成是具有生命力的主体性存在，而学生意义的生成过程就是教材所蕴含的精神生命与学生个体精神生命之间进行交往、对话的“视域融合”过程。对话是意义生成的基本途径。但是，过去我们简单地将教材视作信息和纸质载体，将学生与教材知识之间的关系视作认知、掌握、占有关系，知识变成了学生占有、掌握的“客体”和“对象”，这就从根本上排斥了教材的对话功能。正如弗罗姆（1988）[83]所说，占有式教育的本质是物化教育，在占有式学习中，学生与知识之间的关系不是“活的、创造性的”，而是“死的、没有生命力的”，学生与知识在这种机械的关系中都蜕变为“物”。

当代哲学解释学的兴起，则使我们更深刻地认识到，教材本质上是对话的文本。正如思想家哈贝马斯所说，“文本是一种语言，也就是说，它像一个‘你’一样说话。它不是一个客观对象，而更像对话中的另一个人”（鲁洁，2004）。在对话式教材中，学生与知识的关系不再是“我与它”的“物”的关系，而是“我与你”的人的关系。教材文本的意义也不再是凝固的、封闭的，而是在“读者”的参与下动态生成、开放多元的。正是在对话中，我们才由“认知性存在”提升为“意义性存在”。例如，美国的STS（科学—技术—社会）课程就安排了大量的讨论话题，引导学生与教材展开对话，如让学生列出科学技术直接或间接改善你的生活的十个途径，同时还要列出科学技术恶化你的生活的十个途径等。这些讨论都涉及科学知识背后的伦理、社会、人文等意义性维度。

日本筑波大学教育学研究会编写的《现代教育学基础》对“活教材”的界定，同样也反映出教材对话功能的重要。他们认为，在学习者具体的问题意识中，存在着隐蔽的活教材，它比教科书的内容更富有个性。教科书是挖掘活教材的线索，在一面挖掘活教材一面推进学习的过程中，可以发现超越了学科框架的富有个性世界的内容，活教材体现出超越学科框架的独特内容，开拓着通向其他学科学习的途径。活教材的源泉存在于人们的生活本身之中，这种教材是从一个世界通往多元世界的开拓过程的媒介（筑波大学教育学研究会，2003）[257]。

三、教材“元论述”分析

教材要引导学生进行对话，首先就必须在教材的编写中凸显“作者”与“读者”。传统教材将自己定位为“圣经”和“真理”，在教材中，作者的身份经常隐匿起来。美国学者克里斯莫尔（Crismore）对教材“元论述”的分析则试图揭示教材中“作者”的身份。他区分了基本论述和元论述，基本论述是教材中的观念化的、陈述性的内容，而元论述则不涉及内容的层次，“元论述就是作者对基本论述所做的论述；是作者插进基本论述中，或明确或不明确地指导读者，而不是告诉读者某些内容。可以把元论述看作是给予读者的各种指令，以便使读者理解基本论述中的内容和含义，知道如何‘把握’作者”（瞿葆奎，1993）[177]。克里斯莫尔还进一步区分了知识性元论述和态度性元论述。知识性元论述又可以分为三种类型：（1）整体性的目标说明，例如，“在这个单元里，我们的目标是丰富读者思考美国印第安人的方法”；（2）前计划，例如，“这一章是有关印第安人的”；（3）后计划，例如，“我们早些时候论证过，……”。而态度性元论述也可以区分为四种类型：（1）突出，即观点的重要性，例如，“虽然改革的要求更为重要……”；（2）强调，即主张的确定程度，如，“当然，这是把奴隶制问题过于简单化了”；（3）模棱两可，即不确定程度，如“或许，最糟糕的是城市中的腐败”；（4）评价，即对事实或观点的态度，如“不幸的是，……”。

国内有学者也做了类似研究，例如，有论者将教材的叙述方式分为客观介绍方式、主观解释方式、开放讨论与批判方式（王民，2001）。客观介绍是指利用客观数据力求客观准确地反映所描述的科学事实。这种叙述方式仍然主导着一些教科书的编写与研究。但是，这种看似客观的叙述方式同样也不能逃脱主观的价值追问。例如，教材到底是否需要让学生记住诸如工农业产值、工业产品的产量？应该精确到何种程度？主观解释方式则力图在教材中揭示不同人的不同看法。例如，关于科学教材的编写，在西方形成了两种不同的观点，即基于科学素养的科学教育和基于社会正义的科学教育。特别值得指出的是，教材编写者的编写意图与价值取向在教材编写中往往是隐而不显的，而主观解释方式则要求编者、教师、学生等能够在教材中平等地呈现各自的观点与需求。开放讨论与批判方式则试图将具体材料和问题展现给学生，供他们讨论，自己寻找答案。

教材元论述的提出启示我们自觉地转变传统的教材观，即教材不是圣经，不是教条，而是引导学生进行对话的文本。教材是活的，在教育过程中，教材的功能定位是“用教材教”而不是“教教材”。

四、教材隐含的学习活动方式分析

关于教材编排体例的分析，传统的分类方式是以课文为中心，将教材表层系统分为课文系统与课文辅助系统，其中课文辅助系统又进一步被分为图像系统和作业系统。这种分类将教材的重心聚焦于课文，其所折射的课程观念仍然是传统的知识中心、教师中心与接受学习。

教材作为对话的文本，必然要凸显学生的学习活动。在对话式教材看来，教科书设计的中心不是课文所呈现的知识内容，而是透过各种知识和资料所展现的主动探究与对话活动。换句话说，教材所隐含的学习活动方式应该成为对话式教材设计的焦点。以历史教材为例，德国学者指出，当代教科书分析“已不再是仅仅强调内容的问题，而是对所提供的内容的方式越来越重视。……在许多国家，历史已不再被认为是‘一堆固定了的知识’，历史书也不再强调作者根据权威人士的叙述，而是提供史料、统计数字、图解、目击者的说法，这些能使学生发展他们自己的判断”（于友西 等，2000）[148]。在国内，有学者也主张将学习活动方式作为教材设计的要素，认为学习活动方式设计直接影响到教材育人功能的发挥（廖哲勋，1991）[109]。

可以说，学习活动的设计是当代国内外教师教学设计的一个亮点。如在国内，新课标初中历史教材人教版就设计了多种活动形式，包括小讨论、小游戏、故事会、小制作、看图分析、自由阅读卡等；华东师大版设计的活动形式则包括“阅读与思考”“现象分析”“讨论”“课外学史”“参观访问”“欣赏”“判断”“辨析”“历史追踪”“身边的历史”“课外情趣”等多种形式。又如，北师大版高中化学实验教材同样也设计了多种活动形式，包括联想·质疑、观察·思考、活动·探究、交流·研讨、方法导引、知识支撑、资料在线、身边的化学、知识点击、追根寻源等。

国外教材设计也体现出同样的特点。例如，加拿大《科学》教材的设计，教材中设计了许多活动栏目，如“视窗”，这个栏目给出一些如何把科学课程和其他人文课程结合起来学习的指导；“思维变换”则设计了许多伤脑筋的问题，从而唤起学生无限的想象力，超越教材思路的限制；“停顿与反思”则引导学生不断地与教材和自我进行对话（杨广军，2003）。

第四节　知识的呈现：从“告诉”到“召唤”

在生存论哲学看来，知识作为人类的文化实践，原本具有感人的生命力量，其具体的表现就是知识可以有多种多样的表现形态和呈现方式。例如，人们常说，建筑是凝固的音乐，而音乐是流动的建筑，这说明人类的思想可以有无限多种生动的表达。在课程中，知识的呈现方式构成了知识与学生相遇的教育情境，只有在富有生命力量的知识情境中，知识的意义世界才能真正叩动学生的心扉。

但是，传统的教材设计在技术理性的误导下，往往以抽象的理论化语言来呈现知识，知识在教材中是以“告诉”的方式存在，而不是以鲜活的生命形态来呈现，结果使知识丧失了生动的感染力量。笔者曾比较了20世纪80年代的中德两国科学教材，在讲到环境保护时，中国教材用冷冰冰的语言文字简单地呈现结论：“环境污染严重威胁着人类的健康，每个公民都要遵守环境保护法”；而德国教材则用文学化的语言以及生动直观的图片来呈现，如课文标题“污染的莱茵河：罪责的追查”、“对滴滴涕的控诉”等。

针对技术理性造成的语言的枯竭，海德格尔反复呼吁，语言是我们存在的家园，而语言的技术化、理论化必然导致我们精神生活的匮乏和意义世界的凋零，从而使我们丧失诗意栖居的精神家园。海德格尔（2004b）[130]引用诗人格奥尔格的诗《词语》表达了对语言技术化的不满：“……我于是哀伤地学会了弃绝：词语破碎处，无物存在。”

“回家”意味着在教材中恢复诗性语言的力量。诗性语言不同于技术语言，诗性语言的旨趣不是“告诉”，而是“召唤”，召唤着隐藏于字里行间的意义的显现，也召唤着我们精神力量的主动参与。正是在“召唤”的意义上，海德格尔（2004a）[62]说：“语言本身就是根本意义上的诗。……语言保持着诗的原始本质。”为了破除传统的理论化语言对我们存在意义的遮蔽，从20世纪30年代起，海德格尔在自己的哲学讲座中不再讲授纯理论的哲学问题，而是转向对荷尔德林诗的阐释，海德格尔的“客串”或者更准确地说，“语言学转向”正体现了他对语言问题、知识呈现问题的高度重视。

一个词语，一个句子——从密码中升起，
熟悉的生命，突兀的意义，
太阳驻留，天体沉默，
万物向着词语聚拢。

一个词语——是闪光、是飞絮、是火，
是火焰的溅射，是星球的轨迹——
然后又是硕大无朋的暗冥，
在虚空中环绕着世界和我。

——哥特弗里德·伯恩：《一个词语》

教材中知识的呈现完全可以有更生动、更丰富、更多元的方式。例如，美国迈克道格公司出版的一套数学教材就非常重视知识呈现方式的多样化。一方面，教材注重图文并茂。教材中较多采用彩色图画和实物照片调动学生视觉，并在图片旁边配以文字说明。教材还把重点内容或概念用彩色或黑体字醒目地标出来，甚至用不同颜色表示不同版块的内容。教材文字部分也注意用词浅显，表述生动，多以短句的方式呈现。另一方面，教材内容多采用活动方式呈现，以避免机械的罗列和简单的“告诉”（熊丙章 等，2005）。

第七章 “存在的追问”：课程范式的转换

不少课程学者都指出，“课程研究”“课程探究”的范围很难界定。首先，研究（探究）具有不同的取向，因此，什么才算是研究难有一致的定论；其次，“课程”一词又具有不同的定义（如学科、计划、目标、经验等）。鉴于此，课程学者谢弗勒（Scheffler）主张对“课程探究”采取“约定式”定义，也就是学者自行界定课程探究的范围（李子建 等，1994）[406]。舒伯特则区分了“研究”与“探究”，并认为“研究”的意义比“探究”更为狭窄，前者一般指具有逻辑实证主义和客观主义取向的探究；而后者则可涵盖一系列哲学的、历史的、诠释的、规范性的和批判性形式的探究（Schubert，1986）[43]。鉴于以上的分析，笔者拟将课程探究定位于方法论层面，或者说库恩所理解的“范式”层面。

方法不同于方法论，从课程探究的方法层面看，肖特（Short）曾对课程探究的不同方法做了全面的整理，他所罗列的探究方法有分析性的、扩充性的、推测性的、历史性的、科学化的、族志式的、叙述性的、美学的、现象学的、解释学的、理论的、规范性的、批判性的、评鉴性的、整合式的、慎思式的、行动的 17 种（李子建 等，1994）[423]。课程学者胡森（Husen）、辛德（Synder）、林肯（Lincoln）以及李子建、黄显华等人都指出，这些方法从方法论层面都可以归入科技主义与人文主义的范式之中（李子建 等，1994）[406]。不同的课程探究范式具有不同的前设、焦点、主题和方法，而生存论哲学所倡导的课程探究则是一种人文主义的路向。

第一节 科技主义探究范式的哲学反思

在知识论哲学的影响之下，传统的课程探究往往携带着科技主义的鲜明烙印，并形成了以“泰勒原理”为典型代表的探究路向。科技主义取向的课程探究以“知识”为中心，关注“要素”“结构”“序列”“组织”等极具技术理性色彩的话语谱系，人被淹没在“知识”里，消解在“序列”中。这种探究路向虽然强化了课程领域的“效率”与“控制”，但是技术理性的宰制却使人在课程中遭遇到种种抽象化的恶果。在技术学的视野之下，课程开发越是有效，人之存在就越被漠视。这种“二律背反”使目标模式在过去的半个世纪受到了多方面的批评。从生存论哲学的视野来看，科技主义取向的探究范式不利于我们更深入、更全面地切近人之存在的丰富性。具体来说，其弊端有三。

一、工具理性的宰制

科技主义范式所推崇的理性是工具理性、技术理性。在工具理性的宰制下，课程探究更多地侧重于程序的合理性、有效性问题，也就是说，科技取向的课程探究往往将焦点集中于手段、程序、策略、方法等客观性维度，而不太重视目的、价值、意义、体验等主观性维度。

工具理性对手段与目的的剥离，早就引起思想家们的高度重视。韦伯最早提出了“工具理性”的概念，他认为工具理性在现代社会的泛滥漠视了人的情感与精神价值，扼杀了人的创造性。他甚至说，工具理性的发展，与人性的丧失过程相伴随，最终导致人的异化。法兰克福学派则对工具理性进行了系统的分析和研究。霍克海默指出，工具理性是人类在计算、测量、组织、预测等技术行为中的认识能力，其目的在于追求行动的“效率”与“控制”，而忽视了行动本身所涉及的目的。因此，霍克海默认为，工具理性是18世纪欧洲启蒙思想家提出的“理性”概念的蜕化，这种狭窄的理性观不是将人性解放，而是将技术控制作为目的。在技术理性宰制下，技术变成知识的本质，也就是说，知识变成我们占有世界的工具，知识的唯一目的就是“全面地统治自然和他者”（霍克海默，2006）[2]。

在课程研究领域，工具理性的泛滥同样也带来诸多严重的后果，具体表现在如下方面。

首先，工具理性简化了课程研究的复杂性。工具理性追求确定性，相信人类理性的运用能够把握复杂的世界，表现在学校课程的规划中，就是将学校课程发展问题简化为技术设计问题，认为借助某种标准的技术、程序或工具，就可以系统诊断学校课程的问题，并提出系统的改进方案。著名思想家哈耶克（Hayek）对此进行了深刻批评。他认为，面对复杂的世界，人类理性只能是“有限理性”，企图借助理性对世界进行人为的、教条式的周全规划，这只能是“致命的自负”，“进步，依其性质，是不可能被计划的”（哈耶克，1997）[44]。

其次，工具理性造成了种种形式的二元对立。例如，它分裂了人的活动与目的的统一：活动本身变成无意义的，活动的价值不在其自身之内，而是在活动之外。杜威早就对这种二元论进行了深刻的批判。他说：“从外面强加给活动过程的目的，是固定的、呆板的；这种目的不能在特定情境下激发智慧，不过是从外面发出的做这样那样事情的命令。这种目的并不直接和现在的活动发生联系，它是遥远的，和用以达到目的的手段没有关系。这种目的不能启发一个更自由、更平衡的活动，反而阻碍活动的进行。在教育上，由于这种从外面强加的目的的流行，才强调为遥远的将来做准备的教育观点，使教师和学生的工作都变成机械的、奴隶性的工作。”（杜威，1990）[117]课程学者麦克唐纳（Macdoald）则对“泰勒原理”进行了分析，他指出，“泰勒原理”把目的和手段截然分开，即将目标和学习经验分开是不合理的，因为教师很多时候直至教学完成才可知道大部分的学习结果，这些不能预先规划的学习结果常被称为伴随学习。克立巴德（Kliebard）也同意教育活动最有价值的向度也许是那些潜在的、非规划的和完全不可推测的学习成果（Wiles et al.，1989）[99]。

最后，工具理性导致研究主题的异化。英国教育哲学家普林（Richard Pring）指出，“科学模式”以及工具理性在西方的教育研究领域长期占据着主导地位，教育研究被视作社会科学研究的分支，强调采用“科学”的方法去获得普遍性的规律。“在有关教育研究的教科书介绍中，科学模式被认为是教育研究最恰当的一种模式。”（普林，2008）[31]教育研究类教科书对“研究”的定义也主要是从科学模式出发进行理解，中国的情况也基本类似。例如，我们把教育研究称之为“教育科学研究”，并建构了一系列相关的科学话语，如“教科所”“教育科学规划”等。然而科学模式对规律、效率等主题的重视却背离了教育的本质，正如普林指出的，“科学模式根本上是不恰当的”，因为教育的核心问题是人的问题，而“‘人’不是‘科学的主题’”（普林，2008）[31]。

二、本质主义的诉求

科技主义的探究范式秉承着知识论哲学所推崇的本质主义路线。本质主义试图借助分类、抽象、概括等逻辑工具以及抽象的理论概念来把握现象背后的去时空的“基础”、“本质”或“同一”。

当代思想家杰姆逊（Fredvic R. Jameson）对本质主义做了深刻分析，他认为本质主义认识论主要是借助“深度模式”来达到剥离语境的目的。他还具体分析了四种“深度模式”。“深度模式”认为，现象与本质是有区别的，人们不能以现象判断事物，而是要找到其中的“深层次”的内在本质和内在规律（杰姆逊，1986）[183]。胡塞尔对这种基于本质主义思维之上的抽象化过程进行了尖锐的批判。他指出，对纯粹知识的盲求远离了事物的“感性充盈”，“抽象掉了作为过着人的生活的人的主体，抽象掉了一切精神的东西，一切在人的实践中物所附有的文化特性”，结果“在原则上排斥了一个在我们的不幸的时代中，人面对命运攸关的根本变革所必须立即做出回答的问题——探问整个人生有无意义”（胡塞尔，

2005）[7]。海德格尔也认为，本质主义思维主要的弊端是主客分离的对象化思维，在对象性思维中，事物被当作“客体”或“对象”，“客体”“对象”都是脱离生命的机械概念，正是在对象性思维中，事物丧失了其“自在自持”的丰富多元的内涵。

当代科学的发展已经证明，即使是在经典的自然科学中，语境也是不可剥离的。例如，量子物理学的研究表明，物理实在是由一系列的层次所构成的。每一个新出现的层次中的实在，自身都不足以提供完全的解释，而要依赖于人类的感觉器官、认识工具、研究方式乃至研究者的主观兴趣等（殷杰，2006）。而知识社会学的发展更是揭示了知识背后科学家共同体的实践活动、社会背景与价值抉择。在知识社会学的视野中，知识不是纯粹的认知，而是社会的建构。综上所述，语境论已经成为当代科学和哲学发展的“根隐喻”，并且广泛地运用于自然与社会科学研究的方方面面，例如，量子测量过程的整体性特征、生物学解释的语境相关性、社会人类学的语境诉求、心理行为的语境评价等。

本质主义反映到课程探究中，具体表现在如下三个方面。

第一，课程探究过分强调理论话语，忽视课程语言的多样性。本质主义认为，只有抽象的理论语言才能把握现象背后的同一性，而具体的、感性的日常语言却只能捕捉生活的碎片。本质主义对理论语言的崇拜可以从自然科学的发展历程中窥见一斑。早期的自然科学语言还是描述性语言，随着科学的发展，自然科学的各个领域不断地数学化，数学语言作为一种普适语言开始成为自然科学的主流言说方式。受到自然科学研究范式的影响，课程研究的话语方式也一度被理论化。

第二，课程探究偏执于抽象的标准、规范和模式，忽视对人之生存语境与生存脉络的关注。本质主义也关注实践，但是本质主义的基本思路是试图建构普遍有效的模式、规范和程序，强调的是研究结果的可推广性，课程所赖以建立的具体语境则是被忽视的。在课程领域，科技主义范式对语境的剥离已经受到许多课程学者的批评。例如，克利巴德指出，“泰勒原理”虽然提出了课程目标的三种来源，但却没有看到这三种来源分别出自有着不同传统的学派，这些学者有着不同的理论假设，有自己的立言人和追随者，有自己的一套表述方式。派纳则认为，在科技取向的探究范式中，课程专家扮演着“技师”和“技术熟练的规划者”的角色，课程专家只不过是“简单地执行别人政策的不幸角色”，由这种“技师”所开发的课程当然也不可能有“具体的人”的“诗意栖居”。派纳主张课程研究应该植根于生活世界，因为课程“受到整个世界的影响：历史、政治、生命与死亡”。为此，必须“把课程领域理解为话语、理解为文本”，并且透过这些话语和文本来重建人之具体的生存境域（派纳等，2003）[6]。

第三，课程探究过分强调外来的理论移植，而忽视课程本身的历史与文化传统。在本质主义看来，历史与文化传统是落后与保守的代名词，是必须消解的对象，改革由此被理解为抛弃传统、革故鼎新的过程。在课程改革的进程中，本质主义取向的课程探究会更关注新的课程理论的移植和运用，而忽视课程实践所蕴含的历史与文化传统。而生存论哲学则认为，历史与文化传统是学校最重要的情境脉络，也是学校独特个性的具体体现。伽达默尔就极力主张为“传统”正名，他指出，传统构成了我们理解的“前见”，作为身处在历史进程中的具体个体，我们不可能离开传统来进行理解，理解是“一种置自身于传统过程中的行动”，而且理解也是为了形成新的传统。伽达默尔（2004）[363]还认为，传统不仅构成了我们理解的基础，并且传统中还有很多合理性因素，因此，即使是在激烈变革的时代，一些传统仍然会保存下来，“并且与新的东西一起构成新的价值”。哈耶克也强调传统的价值，他指出，传统不仅不意味着落后，反而还是人们在不断“试错”中积淀而成的适应特定环境的有效工具。哈耶克用“自续力”（self-maintaining）概念来诠释传统，他指出，社会系统是具有“自续力”的整体，这种力量是我们所无法替代的，我们只能与其合作，而不能展开对抗。同样，真实有效的课程变革并不是抛弃传统来另求新路，而是需要直面课程的传统，批判性地吸收传统中的合理成分，从而创造出新的课程传统。

三、实证主义的偏激

科技取向的课程探究偏重于实证主义，强调研究对象、方法、概念等的确定性、秩序性、明晰性。这种对确定性、秩序性、明晰性的寻求是近代知识论哲学的典型特征。例如，分析哲学就试图构建技术化、精确化、形式化的理想语言、普适语言，从而有利于操作和计算。维也纳学派的领军人物卡尔纳普（Paul Rudolf Carnap）和纽拉特（Otto Neurath）就曾认为，只有将一切语言转换成物理学的语言，才能达到科学语言的普适性与形式化的目的。于是，“对于一种给定的音调，总是有一定的基本频率、一定的陪音频率和一定振幅的振动与之相对应。这样，我们就可以通过物理关系来一义地表征感觉质，因此，关于感觉质的陈述就可以翻译为关于物理关系的陈述”（克拉夫特，1999）[143]。同样，对于精神事件，分析哲学也力图用物理主义的可证实的语言来描述，从而使精神事件转化为物理语言。例如，我们经常说，从他人脸上可以看出愤怒、愉快等精神状态，在这里，“‘从他人脸上可以看出’恰恰意味着‘依据面部表情，依据肉体过程来进行心理的诊断’。这样的判断总要预先假设存在着语言交流或肉体上的表达征兆，或者认识情境中的一般行为方式。如果没有这种包含在物理世界中的这种指号，那么对关于他人心灵的陈述的证实就是完全不可能的”（克拉夫特，1999）[146]。总之，在分析哲学看来，关于精神事件的陈述如果想被看成是科学的，就必须翻译为唯一可检验的关于物理的东西的陈述。目标模式关于行为目标的描述，正是这种确定性追求的体现。

然而，生存论哲学则认为，世界是“显”与“隐”的统一，“在场”与“不在场”的统一。任何一个存在物的出场或显示，都是以不可穷尽的不在场的东西为根底，或者说以“隐蔽”（“遮蔽”）为根底；而且由于这个根底是不可穷尽的，所以，实际上它是无底之底，无根之根，它是一个无底深渊。因此，我们如果要显示一个存在物的内涵和意蕴，或者说要让一个存在物得到“敞亮”，就必须把它放回到它所“隐蔽”于其中的不可穷尽性之中。举例来说，我们在行为目标中所看到的人的形象只是人之为人的极小的一部分，而人的丰富性、完整性却是隐蔽在不可穷尽之中的；而且，即使是我们所看到的人的这一部分特质，也必须以人之未出场的无限丰富性来衬托和理解。正如法国诗人艾吕雅的诗所吟诵的："一张面孔，应该表明人间万物。"英国诗人布莱克（William Blake）在其《天真的预言》一诗中也表达了同样的思想："在一粒沙子里看见宇宙，在一朵野花中看见天堂。把永恒放进一个钟头，把无限握在你的手掌。"

实证主义仅仅关注"在场"与"在场者"，或者说仅仅关注"有"而排斥"无"，关注"显"而压抑"隐"，这就必然遮蔽人之生存的丰富意蕴。因此，在对传统知识论哲学的反思中，海德格尔（1996a）[5] 反复追问，"为什么在者在而无反倒不在"？实证主义仅仅关注"在场者"，即使是"不在场"的事物，也要通过适当的转化让它们"在场"，例如，将人类内隐的情感转化为面部的肌肉动作等。海德格尔还指出，动物只能看到"在场者"，而只有人才能看到"不在场者"，所以，"动物没有世界"，而人恰恰由于能够超越在场而具有了世界。反观科技主义所强调的行为目标，行为目标之所以仅仅重视"在场"的、可以测量的行为，这与行为主义心理学最早源于对动物的实验研究也有一定的关系。

科技取向的探究范式对确定性、明晰性的迷恋，也受到许多课程学者的批判。例如，沃克（Walker）指出，课程实证研究的一些前提假设是片面的，如"我们必须只是研究外显行为""研究必须完全是可证实和可证明的事情"等。多尔指出，在"泰勒原理"中，"控制是课程时钟里面的机械幽灵"（多尔 等，2004）[38]。霍格本（Hogben）则认为，"泰勒原理"仅仅关注预期目标，而忽视非预期的和没有意图的学习结果。杜威也批判说，把课程建立在技术、外在控制和标准化方法的基础上是不合理的，标准化方法只能培养庸才。总之，实证主义取向的课程探究将课程简化为机器，这种机器隐喻过分强调可以量化、可以观测的对象，而忽视和遮蔽了课程与生命的内在关联。

第二节 课程与存在：课程探究的生存论路向

20世纪后半叶以来，科技主义取向的课程探究开始受到越来越多的批判。以派纳等人为代表的概念重建主义者开始在课程探究中引进新的探究方法，如解释学、美学、现象学、人种志等，以超越科技主义的窠臼。从哲学渊源说，当代西方课程概念重建主义者更多地从生存论哲学中寻找理论资源，并且将存在问题凸显为课程研究的重要主题。

肖特对这些带有人文取向的探究方法所处理的典型问题进行了举例说明（见表1），从这些案例中可以看出当代西方课程探究对存在问题的关注，现略举一二（李子建 等，1994）[424]。

表1 人文取向探究方法所处理的典型问题举例

探究方法	典型问题
历史性	在1983年至1986年间，36条有关增加高中毕业的课程要求和标准得到通过的共同因素为何？在1968年至1973年间，某学校系统的课程决策过程及其所处的政治脉络为何？
族志式	什么元素构成或影响学区或国家层面的课程决策？有什么课程设计过程的因素改善或阻碍教师参与课程发展的能力？
叙述性	对于教师或学程对我在职业选择上的影响，我可以怎样历史性地（自传式地）重新建构我曾赋予的意义？在过去25年来，作为一位音乐教师，我对音乐课程内重要部分（及其理由）的观点有没有改变？
美学的	史密夫太太班级所经验的课程影响如何可以质化地表现出来？
现象学的	学生对被安排半天在一所职业学校学习课程，另外半天在一所综合学校学习课程，其感受和知觉为何？委员会成员，若为教师、课程协调者或行政人员，他们对区内发展的健康学程是否有不同的观感？
解释学的	某高中被逐出校学生在一期刊所写的“我憎恨学校”片语，其真正意义为何？19世纪末期课程文献所采用的“课程分支”名词，其意义为何？

概念重建取向的课程探究不再将课程仅仅看作知识，而是更多地视作“事件”“过程”“经验”“文本”“话语”，课程的概念重建使课程探究具有了更多的人文关怀。值得一提的是，对比中西课程研究杂志，不难发现，中国的课程研究仍未摆脱对“策略”“模式”“原则”等“技术兴趣”的迷恋，而西方的课程探究在概念重建主义的推动之下则更多地关注课程中人（包括教师与学生）之存在的境域性与意义性。

具体而言，概念重建取向的课程探究对人之存在的关注主要表现在个体生活史的重建、生命生成过程的展现以及存在体验的凸显等方面。概念重建主义所勾画的这些崭新的课程探究主题与生存论哲学的理论诉求是相互吻合的。

一、个人生活史的重建

具体的人一定扎根在生活的复杂脉络之中，离开复杂的生活脉络，就只能是抽象的人。同样，在生存论哲学看来，课程不是可以剥离具体的语境与时间、空间的机械对象，课程真正的生命力正扎根在生活世界的广阔的语境脉络之中。只有在生活世界的广阔语境中，课程的意义世界才能向我们显现。可以说，回归生活世界是当代学术思潮的主流。胡塞尔就指出，是生活世界赋予了科学以价值和意义，“客观的理论无论是按照形式还是内容都是有其根据的，在最终发生着作用的生活中都有其隐蔽的根据源泉，在这种生活中，生活世界的明见的被给予性始终都具有其科学的存在意义”。因此，科学世界必须植根于生活世界之中，“由于这种植根活动，客观的科学就具有与这个世界的持久的意义关联”（胡塞尔，2002）[268]。

回归生活世界，不是简单地使课程联系生活，而是关心现实生活中具体的人的生存处境。胡塞尔用处境真理与科学真理的区分表达了他对回归生活世界的理解。他指出，处境真理是我们在生活实践中应对生存的疑难而形成和发展出来的，因此，是比科学真理更本源的真理。处境真理要求我们在课程中重建个人的生活脉络，并将课程看作个人生活历史的展现过程。

在课程中重建个人生活史，可以从两个方面来着手。

一方面，将课程看作个人生活的文本，透过生活本身所具有的多个维度的分析，来建构个人完整的生活史。派纳所倡导的课程理解范式就强调将课程作为文本，把课程放在不同的社会语境中进行多侧面的丰富解读，从而使课程所蕴含的个人生活脉络得到充分的展现。用生活史的眼光来打量课程，于是课程便成为政治文本、制度文本、种族文本、性别文本、体验文本、自传文本、美学文本、神学文本、生态学文本以及国际文本等。而课程领域也就由此建构起诸多的课程理论，如政治课程理论、性别课程理论等。

例如，政治课程理论认为，课程具有政治性，课程是在社会经济、政治情境中建构的，只有把课程置于社会、经济和政治的背景中进行研究，才能更好地理解课程中人的生存处境。而种族课程理论则认为，种族（race）具有自主性，种族概念是理解课程的一个独立概念。种族课程理论的主旨在于揭示课程中的种族歧视及其根源，进而通过课程唤醒人们的种族意识，谋求种族平等和社会公平。种族课程理论所研究的主要问题包括黑人课程取向、多元文化主义、文化认同与压制、种族表征、课程政治学等。

这里，笔者拟以早期教育课程开发为例进行阐述。早期教育课程的开发者必须在课程中思考和建构"童年"的形象。然而，"童年"的形象不是抽象的心理学规律的演绎，儿童生活在具体的社会时空之中，具有特定的、复杂的文化生态，对儿童的理解应该超越简单的认知心理学的视野，并不断上升到文化人类学的高度来审视。坎内拉（Cannella）指出，"我们必须认识到心理学上的儿童不是现实中的儿童"，而且，不同的人类文化在不同的环境和时期还有着不同的"童年"观。他呼吁努力创造一种能倾听儿童声音的环境，为此，儿童早期教育迫切需要建构全新的形象（派纳，2008）[154]。美国幼儿教育协会提出的"发展适宜性课程”也指出，发展适宜性实践的重要原则之一就是需要认识到儿童文化的多样性，儿童的发展和学习产生于多种文化和社会环境之中，并且受到多种社会和文化环境的影响。只有理解儿童的家庭背景、学校背景和广阔的社会背景，才能更好地理解儿童的发展（格斯特维奇，2011）[12]。

儿童不仅仅存在多元文化的背景，而且还存在阶层之间的文化区隔与文化不平等。拉鲁在《不平等的童年》中通过对中产阶级家庭和工人阶级家庭父母教养方式的比较，发现不同阶级之间具有不同的教养观念和教养方式。中产阶级父母采取“协作培养”模式，注重与孩子的沟通对话，引导孩子以平等的身份和成人展开讨论；而工人阶级父母则采取“自然成长”模式，类似于我们所说的“放羊式”教育，并且“倾向于下达指令”，而不是讨论或说服，儿童的地位在工人阶级父母眼中是与成人不对等的，二者之间有“清晰的分界线”（拉鲁，2010）[1-3]。拉鲁通过实证研究揭示出社会分层对儿童教育的深刻影响，说明儿童的文化生态确实是一个复杂的课题。

以文化人类学的眼光来审视中国当下的儿童文化生态，不难发现，当代儿童生活在一个复杂的文化生态之中，例如市场经济的发展、主体意识的增强、消费与娱乐文化的发展、电视与网络媒体的勃兴等。总之，儿童不是抽象的主体，而是生活在具体的文化生态之中。唯有理解儿童的复杂文化生态，早期教育课程才有坚实的理论基础。

另一方面，课程本身也可以看作一个生命的叙事，课程发展的历史其实就是折射着人的生活发展的历史。因此，课程探究不仅要展现人的生活的种种不同的维度，同时也应该展现课程本身的历史发展故事。芒罗（Munro）对课程史展开了分析，她指出，美国课程史重视男人的经历，却压制女人、非裔美国人以及处于社会边缘群体的声音，并忽略他们的贡献。她还发现，不仅课程历史存在角色与主体的不平等，而且课程历史的叙事策略也是值得质疑的。她指出，尽管学术思潮已经发生了后现代转向，但是“课程历史的叙事策略仍然深深地根植于线性的历史神话、寻求本源的历史神话及不可避免的进步的历史神话之中”（派纳，2008）[259]。换句话说，课程历史的叙事仍然是所谓的现代性叙事，即线性发展的隐喻、进步的隐喻等，而忽视了课程历史内在的紧张、冲突与斗争。

二、生命生成过程的展现

在生存论哲学看来，生命是一个不断生成的过程。海德格尔经常在“存在”的字眼上画上“×”，以表示“存在”所具有的生成的本质。同样，课程作为育人的指南，原本也不是确定性的预设轨道，而是充满挑战性、转变性、不确定性、复杂性、生成性的“跑”的历程。生存论哲学的这一思想已经受到西方当代课程理论的广泛认同。

英国课程学者斯腾豪斯（Lawrence Stenhouse）指出，传统的目标模式的弊端就是太强调确定性，而忽视了课程的生成性。他认为，目标模式对课程“生成”的压抑主要表现在如下方面。第一，目标模式对行为目标的强调只对那些缺乏教育经验的教师有益，而对那些优秀教师而言，只会起到压制他们抱负的作用。第二，把知识还原为行为目标，是对知识性质的误解，因为知识的真正价值在于激发各种类型和各种水平的理解。斯腾豪斯（1989）[86-103]指出，“把知识的深层结构转化成行为目标，是学校知识受到歪曲的主要原因之一。通过目标分析来过滤知识，就给了学校以支配学生的权威和权力，学校可以任意制定思考的界限和尚未解决的问题的答案”。第三，目标模式仅仅关注可测量的学习行为，而忽视不可测量的、有价值的教育事件，结果导致不管学生是否理解、只求学生通过考试的机械的课堂教学，这也就“误解了改善实践的过程的本质”。斯腾豪斯倡导的过程模式则提出了与目标模式不同的教育观与知识观。斯腾豪斯把彼得斯关于课程活动具有内在价值的辩护作为自己过程模式的依据，他认为，知识的价值在于作为思考的焦点来激发各种水平的理解，而不是作为固定的信息让学生接受，而教育的使命是使人变得更自由，更有创造力。由于课程内容本身具有内在价值，因此，课程内容的选择不能依据外在的行为目标，而必须依赖于“程序原则”。斯腾豪斯借鉴彼得斯的“程序原则”概念，认为真正指导教学的各种价值是体现在教学过程本身之中，而不是在最终的教学结果之中。课程编制应该引导教师对这些程序原则展开反思，从而发展教师对教学过程的理解和判断能力。

后现代主义思想家以及课程学者同样也关注“生成”问题。当代建设性后现代主义的代表人物格里芬（David Ray Griffin）指出，古典科学范式的确定论世界观是一个“机械的、科学化的、二元论的、家长式的、欧洲中心论的、人类中心论的、穷兵黩武的和还原的世界”，其结果是导致世界的“祛魅”，即否认自然具有任何主体性经验和感觉，由于这种否认，自然被剥夺了其丰富的属性，被抽象为“空洞的实在”。格里芬主张用有机论范式、生态学范式取代传统的机械论范式。在有机论范式视野中，世界、自然不是一架可以任意拆卸和重新组装的机器，而是具有内在的整体性、自组织性的生命体。简言之，在有机论视野中，世界才踏上了“返魅”的征途（格里芬，2004）[2]。

课程要展现生命的生成，就必须超越传统的“时钟”式的课程隐喻，课程不再是一个可以被刚性设计的机械系统，而是充满着灵性、复杂性、转化性、有机性和生成性的生命体。对此，西方课程理论家提出了许多不同的理论构想。

多尔吸取了杜威和怀特海的“过程”思想，并提出了“4R 课程”的构想。4R 课程是与泰勒原理不同的课程设计主张，即强调课程的丰富性（Richness）、回归性（Recursion）、关联性（Relations）、严密性（Rigor）。所谓丰富性，是指课程深度、意义的层次、多种可能性或多重解释；回归性则是转变性课程的核心，是杜威、皮亚杰、怀特海所提倡的过程思想的反映；关联性是课程在教育方面和文化方面的关联，体现的是课程无限丰富的意义之网，课程关联性是对现代主义的超越，因为现代主义课程强调普遍性和抽象性，反映的是利奥塔所说的“元叙事”“宏大叙事”，课程被视为权威引导学生进行重复记忆，这种课程缺乏的恰恰是关联性；严密性意味着有目的地寻找不同的选择方案、关系和联系。总之，丰富性、回归性、关联性和严密性所体现的是后现代课程所具有的转变性、生成性的品质。多尔指出，后现代的课程应该是“一种形成性的而不是预先界定的，不确定的但却有界限的课程”。在这种转变性课程中，文本是需要不断修改的而不是机械遵从的材料，多尔认为这是转变发生的基础。(多尔，2000)[248-260]

弗莉娜（Fleener）则在杜威理论和复杂性科学的基础之上，提出了“有机课程”的构想。她认为现代课程仍局限在结构主义课程范式之中，教育被错误地理解为技术生产，教育的结果也被简化为产品，而不是终身探究和成长的过程。这种静态的、结构主义的课程观使课程异化为逻辑演绎系统，丧失了知识创新的蓬勃朝气。这种课程范式使我们错误地将课程看成“产品”，而忽视了课程的动态性、复杂性及其不断演变的特性。弗莉娜指出，课程是一个复杂的系统，因而有机中心课程的理论基础是复杂科学。根据复杂科学的理论，所有复杂系统都具有自组织和不断生成的特性。因此，课程的展开和宇宙的展开一样，也具有不断增长和生成的特质（多尔 等，2004）[184]。

莫尔（Moore）则提出了“4C”课程的构想，所谓“4C”课程，是指复杂性（Complexity）、共同体（Community）、会话（Conversation）和高潮（Culmination）。莫尔用“4C”来指称课程领域种种复杂的二元辩证关系。课程是一个复杂的系统，但是课程的复杂性需要引入一个简单的表达，这里体现的是复杂性与简单性的辩证关系。课程既要传承共同体的价值，同时又要重视个人的价值。在课程中，共同体和个人被交织为一个整体。课程应该激发学习者之间、学习者与文本之间的魅力四射的会话，这些会话有些可能是声音，而另一些可能只是无声中的内在会话（沉默），会话和沉默一起构成了课程的精神旅程。最后，课程不应该是平铺直叙、机械呆板的，而应该不断创造高潮，课程具有高潮才能把碎片化的课程知识重新缝合成有机的整体，而且行动的价值就在于人们会期盼高潮并为之工作（多尔 等，2004）[261]。总之，通过4C课程的构建，莫尔试图超越机械呆板的课程图景，重新凸显课程鲜活的生命意识。

三、存在体验的凸显

生存论哲学认为，由于人的历史、文化、知识等背景因素的差异，每个人对生活世界的体验都是独特的，只有切近人之具体的生活体验，我们才有可能接近具体的人。换句话说，人之存在首先不是逻辑的、理论的、命题的存在，而是处于前逻辑的、前理论的、前命题的体验性存在。胡塞尔对“意向性”的强调、海德格尔早期对“周围世界体验”的分析以及《存在与时间》中对“现身情态”的阐释等，都反映出体验与存在之间的密切联系。

存在体验也是当代西方课程理论关注的焦点。范梅南（Max Van Manen）倡导的“生活体验研究”、格鲁梅特关于“存在体验课程”的构想、史密斯（David Smith）的“现在教育学”、康奈利等人主张的“叙事研究”以及派纳等人提出的“自传性/传记性课程理论研究”等，都是对人之存在体验的凸显。

范梅南（2003）[10-16]认为，教育研究关注的是“人”而不是“主体”或“个体”，因为“个体”作为一个生物学术语，主要区别于一棵树、一匹马、一个男人等，而“人”这个词则指每个人的唯一性，“作为人，我们是无与伦比的，不分等级的，不可计量的，无可替代的”。而传统哲学要么把人抽象为逻辑（理性主义），要么把人异化为数据（经验主义）。关注“人”就是关注人的生存体验，为此，范梅南强调课程探究应该考察生活体验，研究被直接体验到的生活世界，而不是我们所概念化的世界。

格鲁梅特则提出了“存在体验课程”的构想，存在体验课程集中关注儿童的教育体验，而不是像目标模式那样关注外显目标的达成。格鲁梅特认为，传统的课程研究深陷在结构主义和系统理论的范式之中，在结构主义的视野中，个体的存在是匿名的、抽象的、概括的，而存在体验课程正是要破除个体的匿名化和抽象化，并使特定个体的存在经验成为课程研究的中心。“存在体验课程是一种反思性循环，其中思想向自身

回转，从而恢复它的意志力。”（Grumet，1976）[130]

史密斯则站在后现代的立场上，批评全球化消解了我们生存的“具体性”，遮蔽了教育所蕴含的人文内涵，他主张基于“现在”来构建尊重人的“现在”经验的“现在教育学”。换言之，教育学只有重建“现在”，才能真正回归真实的生命体验。正如史密斯（2001）[228]所言，教育学“既不能以宏大未来的希望感作为出发点，也不能从怀旧感出发。相反，其注意力必须瞄准现在。过去和未来都是寓于现在的，但只是阐释性的。换言之，过去和未来可以解释性地而绝不可以刻板地搬出来。同时，搬出来的目的是说明现在是一个活着的现在，一个跳动着记忆、希望和梦想的现在”。

派纳、格鲁梅特等人还尝试从自传和传记文本的角度理解课程。派纳指出，课程的拉丁词根“currere”原本就是指在跑道上奔跑的历程，这种历程和体验才是课程的原初含义。因此，课程应该被视作旅程，被看作自传。传统的课程研究往往从个体之外出发，例如，从知识或逻辑出发；而自传式课程理论则相反，派纳指出，在自传式课程中，“我们从不同于学科的源泉着手工作，我们从自身内部着手工作”（Pinar，1972）[331]。借助自传的方法，教师和学生得以更真切地理解自我的教育体验，从而达成自我的积极转变。康奈利和克兰迪宁则试图从自传/传记的角度关注课程中教师的存在体验与专业发展，她们认为教师的知识本质上是一种个人化的实践知识，对这种个人化实践知识可以借助自传、传记等叙事的方式来展开研究，通过叙事探究使教师更好地理解自己独特的教育经验及其意义。

第三节　现象学视域中的课程探究

人文主义取向的课程探究虽然方法众多、观点各异，但是他们都自觉地关注生活世界中具体的人的生存境遇，凸显人之存在的意义性。从方法的侧面说，他们的共同特点是借鉴和采用现象学的方法和思路。海德格尔曾指出，生存论和现象学是不可分割的，现象学是通达人之生存的重要方法论。他说："随着存在的意义这一主导问题，探索就站到了一般哲学的基本问题上。处理这一问题的方式是现象学的方式。"（海德格尔，2006）[32] "无论什么东西成为存在论的课题，现象学总是通达这种东西的方式，总是通过展示来规定这种东西的方式。存在论只有作为现象学才是可能的。"（海德格尔，2006）[42]

在课程领域，基于现象学的课程探究已经聚集了诸多的课程理论学者。例如，加拿大课程学者奥凯（Aoki）、范梅南、史密斯、查迪尼（Jardine）；美国课程学者休伯纳（D. Huebner）、派纳、格鲁梅特、雷诺滋（W. Reynolds）等。

概括地说，现象学视野中的课程探究具有如下特征。

一、面向事实本身

关注"具体的人"无疑已经成为教育领域最强劲的呼声。然而吊诡的是，我们越是动用人类所独具的科学思维进行深度的分析与解剖，我们离"具体的人"可能就愈远。举例来说，当我们看到或者想到一个自己教过的学生，他/她就已经是以整体的、具体的形象呈现在我的意识之中，我们绝对不会想到还需要"具体地"看。但是，当我们动用一切科学思维及其理论框架（诸如人格理论、动机理论、多元智能理论等）进行分析乃至量化时，无论研究者抑或被研究者，都有可能感觉到离真实的个人愈来愈远。雅斯贝尔斯（2005a）[57]就曾说："我们愈是不断地追求关于现实的确定性知识，现实就仿佛愈是不断地往后退。"

在现象学家看来，"具体的人"之神秘，主要是因为我们人类长期浸润在科学思维之中，对科学的本质与局限习焉不察，结果使人类无限的精神潜力窄化为单一的逻辑智能（海德格尔，1996a）[47]。海德格尔指出，在现代社会，科学不仅仅是人把握世界的手段，而是作为"座架"影响到日常生活的方方面面，例如，我们经常听到的"教育科学""教育规律""教育科学研究""教科所"等，这些话语足以体现出科学之无所不在。然而科学之为科学，却是通过将自然数学化、形式化，抽去事物之“感性充盈”而获得发展的。胡塞尔指出，科学从伽利略开始，就“抽象掉了作为过着人的生活的人的主体，抽象掉了一切精神的东西”(2005)[79]。借助抽象化，现代科学理论给我们裁剪了一件“观念外衣”(胡塞尔，2002)[240]，这件“观念外衣”横亘在我们与“具体个人”之间，不仅不能使我们接近“具体个人”，而且还构成对具体个人的“扰乱”与“蒙蔽”。因此，关注“具体的人”就必须将各种理论“外衣”用“括弧法”进行“悬置”，而直接“面向事实本身”。荣格也指出，真实世界的显著特征在于事实的个性化，“赋予个人特点的并不是普遍性和规律性的东西，而是为个人所独有的东西”。(荣格，2001)[6] 但是，荣格指出，科学思维以及概念性语言却将人抽象化，使人变成统计学上的“平均值”，因此，“不管是理解一个具体的个人，还是理解有关自我的知识，我都必须把所有的理论设想弃之脑后。由于科学知识不仅被誉为普遍尊重的原则，而且在现代人眼里，它还被当作独一无二的知识权威和精神权威。所以，在理解具体个人时，我就不得不‘大逆不道’了，也就是说，我只好对那些科学知识视而不见了”(荣格，2001)[6]。总之，在现象学看来，我们之所以不能接近具体的人，是因为我们总是习惯于从概念的、逻辑的、理论的角度去看人，而具体的人恰恰是前概念、前逻辑、前理论的，这种前概念、前逻辑和前理论的“观看”就进入了现象学的视域。

超越理论思维而“面向事实本身”并不是否认思考与言说，恰恰相反，现象学需要的是更本源的“思”与“言”。“更本源”意味着回归日常生活世界，关注具体个人之具体的生活经验。而现象学所关注的是人类经验的美学特征与美学表现，因此，现象学教育学家范梅南指出，现象学的研究与实践是一种“诗性活动”(派纳 等，2003)[425]。

课堂原本是师生共在的精神家园，课堂里蕴含着教师教育生活的酸甜苦辣，体现着教师上下求索的水复山重。课堂生活是最真实、最本色的生活，但是由于种种形式主义的羁绊，课堂真实却常常因为其“粗糙”

“质朴”“琐碎”的外观而遭遇尴尬。

笔者曾到一所小学从事科研指导。上课的两位教师，一位是有着十多年教龄的中年语文教师，姓郭，另一位是刚工作不到一年的年轻女教师，姓黎，教数学。在上课之前，我对两位教师的特点做了分析。郭老师的优点是经验丰富，教学基本功扎实，但是观念的转变可能会艰难一些；黎老师年轻，思想敏锐，容易接受新事物，但是基本功方面可能会欠缺。为了使研究课真正研有所获，我事先与学校行政确定了如下方略：首先由课题组共同备课，拿出第一份教案，然后由执教教师试上两次，最后在全校展示公开课，并写出500字以上的教学后记。

整个过程对教师和我都极具挑战性，特别是教师，既要克服反复上课的厌倦心理，还需面对畏惧写作的思维惰性。但是，令人失望的是，研究课的结果并没有达到我们想象的要求与标准，以至于校长私下跟我讲：“苏老师，这两节课，我们不要叫精品课，还是叫研究课。”校长的一席话使我的思绪猛然发生了根本的转向。多少年来，我们对课堂的评价都只是就课论课，而唯独没有教师自己真实的声音，我们在注重形式化的同时，忽略的恰恰是作为主体的教师的存在。我放弃了原本拟好的结论性评课提纲，转而思考10天以来两位教师的心路历程。

郭老师的变化集中于教学结构的改革，其教学内容是一首充满真挚感情的现代诗歌《妈妈的爱》。第一份教案是一种传统的烦琐分析、逐段串讲的模式，这反映出当前一些语文教师的传统套路。第二份教案则尝试打破这种局面，具体设想是让学生自由选择段落，教师指导学习。对郭老师而言，迈出这一步实在是艰难，在共进午餐的时候，郭老师给我讲，最开始这个弯总是转不过来，她当初是在课题组的鼓励之下，抱着试一试的心态去尝试的。但我们觉得改革的力度还是太小，必须以“整体感悟”的思想统领全文，彻底打破烦琐分析的窠臼，于是有了第三份教案。这份教案尝试以研读模式展开教学，强调学生对课文的整体把握和以读见悟。郭老师在谈到这三次修改时，说这对自身观念的变革感触很深。但是，怎样才能打破传统的讲读模式，引导学生在读中求悟，郭老师说，这个弯对她来说太大，她还在积极的转变过程中。

黎老师的变化源于数学生活化的改革尝试，其教学内容是《乘法应用题——几种常见的数量关系》。她的第一份教案是一些远离学生生活的应用题，教学思路强调简单模仿、机械训练，是一种目前流行的老套路。在课题组讨论的基础上形成的第二份教案强调在导入环节和巩固应用环节紧扣学生生活，但是新知识的学习仍然强调教师的简单授受。在试教的过程中，教师自身的生活意识不强也充分被体现出来。例如，教师错误地以为汽车的时速是40公里等。第三份教案则全面生活化，然而，生活化之后的课堂情形却是教师事先没有预料到的。在讨论本地到深圳、珠海、中山的距离的计算方法时，有的学生说进行估算，有的说根据地图算比例，好不容易有学生说可以根据时间和时速计算，但在汽车的速度上又发生了争论，有的说每小时是60公里，有的说是100公里。面对学生的激烈争论，黎老师事后对我说："我当时真的很紧张，没想到学生的生活意识和思维能力会这样。"在进餐时，我们又共同探讨起各类汽车的速度，黎老师似乎意识到，其实各类汽车的真实速度也应该纳入新知识的学习之列。

自身思维的转向也使我对叙事研究有了更深刻的认识。传统的科学话语重结论，轻过程，其背后的基本假设是事本主义与完美主义，它所排斥的恰恰是真实的人的存在。科学话语充斥教学评价，使我们见事不见人，多的是满腹牢骚、悲观失望，少的是对意义的探询、过程的反思。而叙事研究恰恰相反，叙事的指向是"未完成时"，叙事研究永远只是叙述一个并不完美的故事。换句话说，一旦叙事研究指向完美，它就将被形式化，从而远离教师的日常生活。现在我们都在收集所谓的典型案例，所谓典型，其实就是一种理想主义，是与叙事研究的"平民"性格相违背的，这恐怕也是部分教师对叙事望而生畏的重要原因。

最后，我想说，让我们放弃完美理想，放弃静态的理论说教，关注真实的课堂，用叙事的精神改造评课，将我们的焦点集中在具体的教师的成长上。一个在说课中说不出自己在思想转变上的"艰难与曲折"的

教师绝不能称其为好教师。(我的教育随笔)

二、超越科学思维

海德格尔指出，科学思维的独霸天下是对人类精神力量的窄化，思想蜕化为计算。“由于今天的思想总是愈来愈坚定、愈来愈专一地变成了计算，所以它投入了所有可用的力量和‘兴趣’，来计算人如何能够马上在无世界的宇宙空间中立身。这种思想就要把大地之为大地抛弃掉了。作为计算，这种思想愈来愈迅速和狂热地趋向于对宇宙空间的征服。”(海德格尔，2004b)[181]

现象学之运思不同于科学思维。海德格尔（2004a）[85]指出，科学思维本质上是对象性思维，所谓对象性思维，即是以主客二分为基础，“对一种限定的对象区域的筹划”，从而使科学变为“具体科学”，“专门化为特定的探究领域”。于是，我们看到各门学科在自己的“独立宣言”中首先要宣判其研究对象的独立性，而“完整的人”也就顺理成章地被心理学、社会学、人类学等诸多学科之“独立对象”所分裂。胡塞尔也表述了同样的思想。他说：“古代的科研工作者的专业化不会导致我们（今天）意义上的专门科学。伽利略的自然科学不是通过专业化而产生的。”（胡塞尔，2005)[81]由于“限定”，事物和人都被锁定在一个维度，而丧失了其“自在自持”的无限丰富性。海德格尔举例说，“耕作”在农业社会还意味着关心和照料，“农民的所作所为并不是促逼耕地。在播种时，它把种子交给生长之力，并且守护着种子的发育”。而现在，耕作被限定为食物工业，于是，空气被限定为氮料，土地被限定为矿石，矿石被限定为铀之类的材料（海德格尔，2005)[13]。在学校中，我们也同样常常将教育的对象限定为“学生”乃至“差生或优生”等僵化的功能性角色，而忽视了对具体个人的呵护与关切。

现象学之思不反对科学之思，恰恰相反，它是要比科学更深刻的思(海德格尔，1999)[87]。在现象学看来，接近具体的人，首先是要进入其意义世界。对象化思维将客体看作“物”，而物是没有世界的。海德格尔（1996a）[45]指出，“世界总是精神性的世界。动物没有世界，也没有周围世界的环境”。而人则不同，人之具体性只有在自己的意义世界中才能得到开显。“唯当有‘世界’，世内存在者才能来照面，才能显现为就它的存在得到揭示的存在者。”（海德格尔，2006）[85]

进入人之意义世界，需要理解与想象，维柯称之为“诗性智慧”。我们读朱自清先生的名作《背影》，如果用科学思维来解剖，只能看到“在场”的背影之具形，而只有在理解与想象中，才能切近到“具体的人”之召唤中。范梅南尤其重视教育学理解，他认为，教育学理解总是与特别的、具体的情境有关；教育学理解又是交互式的，它不是一种抽象的、孤立的理解形式，而是必须要转换成实际的行动。他将教育学的理解归纳为五类，即非判断性理解、发展性理解、分析性理解、教育性理解、形成性理解（范梅南，2001）[114]。需要指出的是，理解不同于科学意义上的分类。心理学家马斯洛指出，“理解一个人和给一个人分类或类化并不是一回事”，“类化时强调的是这个人从属的种类，对这个种类来说，他只是一个样品，而不是一个人，是类似性而不是差异性”。但是，“人通常对于被类化或被归类表示不满意，他们可能认为类化是否认他们的个体性”（马斯洛，1987）[120]。

海德格尔则尤其注重想象。他认为，具体的人总是“显”（在场）与“隐”（不在场）的统一。而西方科学思维却以把握事物间的相同性（同一性、普遍性）为己任，因而只能以功利的眼光看到片面的“在场”；想象则以把握在场的显现的事物与不在场的隐蔽的事物间的相通性为目标，因此可以超越在场，进入真正的意义世界（张世英，1999）[109]。例如，一个小学二年级的学生，夏夜和父母在户外的草地上玩耍，突然从心底里萌发了一些奇奇怪怪的想法，第二天写了一篇日记：“我不爱月亮，因为月亮太凄凉……我爱星星，因为星星有伙伴，你看，他们眨着眼睛，在快乐地游戏。”如果用科学思维来解剖，只能看到文法与修辞，而一旦我们展开想象，看到儿童由月亮联想到童年的孤独，感悟到星星的幸福，由此萌发出对人际交往的渴望，我们也就切近了具体的人。

现象学的运思也可以采用科学逻辑的方法。但是这种逻辑不是简单的同一性逻辑，而是复杂思维视域中的复杂逻辑或者说后现代理论视野中的差异逻辑。莫兰（2002）[226]指出，面对复杂系统，我们的思维无法避免含混性、范式、矛盾和难题，因此，复杂性逻辑必须向矛盾和“例外”开放，也就是说，必须要学会否定性思维。海德格尔对人之探讨很少说人“是什么”，而更多地说人“不是什么”。“人是什么”这种提问方式容易将人类化、凝固化，否定了人的丰富性与生成性。恰如苏格拉底之产婆术，苏格拉底从来不直接肯定对方，而是通过“反讽”逼近真理，同时也接近了具体的人。但是马尔库塞指出，在技术社会，人类极容易丧失否定性思维的向度，减损诗意想象之罗曼蒂克的空间，使人蜕变为单向度的人（2006）[227]。因此，对否定性思维的接纳也将是一个漫长的过程。

三、倡导诗性言说

现象学之言说不同于科学语言。科学语言的根本特点是技术化、精确化与形式化，从而有利于操作和计算。传统心理学在追求“科学化”的过程中也就被一种更为激进的行为主义所取代。中国教育界曾一度盛行的教育目标分类，其实也就是科学语言的反映。

但是科学语言在强调技术化的同时也造成人的机械化，并因此受到广泛的质疑。例如，莫兰（2002）[186]认为，形式化语言虽然有助于抽象的、形式的或技术的极度精致，但它们被剥夺了生命的复杂性。因此，他主张用叙事语言、诗化语言取代形式化语言（科学话语）。他指出，“语言也有一些诗学的领域，词语在其中喃喃细语，尽情享乐，陶醉于它们所描述或召唤的内涵；还有一些俚语和俗语的分支，词句在其中自由自在地喷着鼻息”（莫兰，2002）[181]。后现代思想家更是激进地抨击科学语言与抽象概念。例如，柏格森指出，用抽象的概念解剖生命世界，只会把川流不息的、活生生的实在肢解成一堆毫无生气的碎片；尼采则激进地称之为“概念木乃伊”；福柯称之为“非法建筑”。而分析哲学的鼻祖维特根斯坦在其晚年也深刻地认识到科学所追求的普适语言的虚妄。他在早年曾试图追求一种形式化的“理想语言”，但是在后期，维特根斯坦意识到，真正有价值的语言恰恰是日常语言，因为正是日常语言打上了使用者和使用语境的烙印，从而具有了无限多样性。恰如评课，与教科书中死板的评价标准相比，教师的语言却因挟带更多的人格烙印而呈现出五彩斑斓、视角各异的生命意蕴。

与上述各家各派的言说相比，现象学对语言的反思更显深刻。海德格尔（2004b）[182]指出，流俗的观点往往将语言视作工具，而事实上，语言本源地是我们存在的家园，“词语破碎处，无物可存在”。语言不是简单地命名，语言是一种“召唤”。这种命名并不是分贴标签，运用词语，而是召唤入词语之中。命名在召唤，这种召唤把它所召唤的东西带到近旁。(海德格尔，2004b)[12]维特根斯坦也曾指出，语言的界限就是我们思想的界限。本来我们依靠语言在思想，可是经常又拿一些思想框框反过来奴役语言，特别是强迫语言技术化、理论化，结果剥夺了语言、思想和生活的自由。笔者在学校科研指导中，经常碰到一些教师说着“主体教育”“课堂参与”“探究学习”等抽象话语，但是当问及什么是“主体性教育”，却顿感困惑。语言本是我们的家园，但在科技时代，我们却已经找不到回家的路。

“回家”意味着必须突破科学语言的禁锢，敞亮语言之自由的诗意特征。海德格尔指出，科学语言的弊端在于过分强调清晰性、可操作性，因而只能说“有”。但是，人之具体性往往是隐而不显、只可意会不可言传的。用哲学的术语来说，人是在场与不在场的合一。人的形象可以在某一学科的筹划中出场，但是人的内涵和意蕴却是隐蔽、躲藏在不可穷尽之中。海德格尔认为，只有诗性语言才能说“无”，才能通达人之隐蔽的无穷意蕴。教育活动的至高境界同样也是“不可说”的、“无”的艺术境界。例如，《学记》谈教学原则“当其可之谓时”，这里“时”是一种诗性语言，表达的是教师面对具体情境与具体学生的匠心独运，一旦将其转换成科学语言（如所谓模式、策略、技术等），就会陷入机械呆板的困境。所以，海德格尔（1996a）[26]指出："从根本上说，'无'是所有科学都无法通达的。谁要是真正地谈论'无'，就必须成为非科学的。"教师只有在诗性的教育言说中，才能体认到教育活动中具体的人。

现象学对语言的反省直接诱发了课程领域的话语变革。休伯纳指出，长期以来，课程领域的主流语言是行为主义、实证主义或科学主义，课程探究深陷在技术语言中而难以自拔，其典型标志是"学习"与"目标"概念在课程领域的盛行。例如，泰勒模式的四个问题的表述中频率最高的词汇就是"学习"和"目标"。语言是存在的家园，有什么样的语言形式就有什么样的生活形式，技术性语言导致技术性生存。而语言的分裂也导致人格的分裂。史密斯分析说，在制度化学校中，许多教师创造了一种"精神分裂症式的妥协"，校长和其他督导者在时，他们运用教育行话；但当他们重新进入课堂生活时，就把教育行话搁置在一边。史密斯认为，教师的任务是重新塑造生活形式，尤其是语言形式，使他们以更适合的方式融入儿童的生活。总之，真实的人类讲话应该是原创性的、不可复制的和未润饰的。奥凯则提出把课程设计问题置于诗意的语言之中，而不是科层化语言之中。科尔、奥瑞莉、麦克奈尔则尝试采用诗歌的形式来表达他们的课程愿景（多尔 等，2004）[149]。

现象学语言反对行为科学式的机械呆板，而倡导更有创意的文本表达，例如诗歌、小说、美术等。诗化语言的运用要求我们在课程探究中自觉转变言说方式，即超越理论语言的限制，转而寻求诗性语言的表达。

在《儿童科学教育》课程的设计与实践中，笔者致力于艺术与科学的融合，并且着力探讨课程观念的艺术表达。以科学课程的核心概念为例，为使学生更好地理解科学核心概念的意义与价值，我尝试用诗歌的方式来表达这一课程理念，为此，创作短诗一首《迈向"科学大观念"》。同样，在科学课程的一个领域"地球与空间科学"部分的教育中，我发起了"魅力夜空"项目，试图让学生在星空观测的亲历体验中，感受自然之美。这一课程信念通过拍摄和制作星轨图、讲述星空神话等艺术方式来呈现，并制作科学微电影《星之语》来展现我们的科学课程之旅。科学微电影整合了星空音乐、原创诗歌以及星空神话，并凭借这些艺术形式来传递课程信念，这些课程信念反映在诗歌《星空》中。在科学课程的另一个领域“生命科学”部分，我同样尝试用艺术的方式来展开课程探究，并且发起了“羊城花事”项目，试图让学生运用自然笔记的艺术方式来展开自然探究，发现广州春天之美，并创作短诗和制作科学微电影《发现春天》。通过用艺术的方式来展开课程探究，学生不仅仅收获了知识，更重要的是感受到真实的成长和进步。下面具体呈现笔者创作的几首短诗，以此体验上文所说的“诗性语言”。

《迈向“科学大观念”》
知识无涯
生命有限
在短暂的童年里
我们拿什么教育孩子？
破碎的知识
呆板的传授
这些，都是生命
不能承受之重
抓住科学的大观念
让知识的破镜重新复圆
让思想的火花碰撞升华

《星空》（节选）
观星
是目力的挑战
更是想象的盛宴

抬头凝视
聆听夜空里
动人的故事
……
用想象穿越宇宙时空
用思维破解斗转星移
在璀璨星空里
亲历和感受
自然探究的乐趣

《发现春天》（节选）
春天的消逝
往往在不经意之间
走出家门
走进田野
去发现
生机盎然的世界
……
用心灵去感受自然
让美好时间的刹那
变成永恒

四、恢复实践理性

课程探究必然基于人类理性的设计，彰显着人类理性的智慧。回顾人类理性的历史，不难发现，近代以来，随着科学的勃兴，科学主义的思维方式以及伴随而生的科技理性日益成为人类理性的主宰。在课程探究与课程规划的实践中，我们同样可以看到科技理性对课程研究的主导，例如，人们开发出了种种程序、工具和模型，试图借助技术手段来接近复杂的课程实际。但是简单套用自然科学的研究思路并未解决课程探究与课程规划中文本与实践脱离的问题，反而可能带来更深刻的问题。

为破解课程研究流于形式的痼疾，我们迫切需要超越科技理性的窠臼，而实践理性则为我们思考课程研究的本质与思路提供了新的方向。

亚里士多德最早提出了实践理性的命题。他将人类的理性区分为三种，即理论理性（如自然科学研究）、技术理性（如工匠的制作）和实践理性，并且认为实践理性不同于理论理性和技术理性。首先，与理论理性相比，实践理性指向的不是抽象的理论，而是具体的事务。他以"善"为例进行说明，认为不可能有抽象的"善"，"善"一定是具体的（诸如荣誉、明智、快乐等），并且需要进行具体的分析。其次，与技术理性相比，实践理性指向的是事先无法预设的事物，体现的是我们行动中的机敏与判断（亚里士多德，2003）[122]。总之，在亚里士多德看来，实践活动由于具有不确定性、具体性、生成性，因而必须以实践理性来审视。

亚里士多德的洞见在近代科技的勃兴中几近被人们遗忘，科技理性一度成为人类所有文化活动的主导范式。直到20世纪，随着胡塞尔对欧洲科学危机的洞察和回归生活世界的呼吁，实践才重新进入思想的视野，并日益成为学术界关注的中心。伽达默尔的实践解释学，劳斯、皮克林、拉图尔等倡导的科学的实践转向，以及阿吉里斯、舍恩提出的实践认识论等，都彰显着实践以及实践理性的复兴。

以科学哲学为例，当代科学正在发生实践转向。劳斯（2010）[155]指出，传统科技理性的错误在于掩盖和阉割科学的实践脉络，盲目追求科学知识的普适性、抽象性，通过"把科学实践降低到背景的位置以在哲学上突出科学知识的地位"，这种观念忽视了科学本身其实是一个基于具体实践脉络的动态过程。劳斯主张把科学工作理解为实践，在科学实践中，科学家面临着复杂的、甚至是相互冲突的情境脉络，科学探究的过程其实是在复杂的情境脉络中寻找和建构叙事线索的过程。简言之，科学探究本身不可能有一套标准化的、抽象的技术程序，而是必须基于具体的、复杂的实践情境进行审慎的洞察和明智的判断，这其中就需要科学家实践理性的参与。皮克林（2006）[3] 也指出，一直以来，人们主要关注的是科学的产物，即科学知识，“众多的学者几乎没有直接对科学实践显露出半点兴趣”，即使是科学知识社会学的研究也是把科学作为知识来探讨。他呼吁对科学的理解必须发生转变，即“从作为知识的科学到作为实践的科学”。

哲学思潮中的这种实践转向已经反映在人类社会变革的诸多方面，例如，社会规划理论也深受实践理性的影响，并正在发生深刻的范式革命。当代规划理论家帕齐·希利（Patsy Healey）就指出，科技理性主导下的规划思想根植于“现代性”的启蒙传统中，“理性被认为是种逻辑，带有经科学武装的知识霸权”，这种理性霸权无视社会大众多元的利益诉求，从而远离了民主行动的本质（帕齐·希利，2008）[7]。他主张以交往与互动、辩论与对话来达成规划的共识，规划师的角色也不再是“权威”或“专家”，而是“沟通者”和“协调员”。总之，梳理百年以来西方社会规划理论的范式转变，理性始终是西方规划理论演变背后的“内核”和“原动力”，但是规划理论赖以建立的理性基础却在发生悄然的转变，即从传统的科技理性逐渐转变为多种样式的实践理性，并且形成了规划理论的价值理性范式、沟通理性范式等（王丰龙 等，2012）。

同样，课程的探究乃至学校课程的规划也需要恢复实践理性的传统。在实践理性的视域中，课程的探究充满着复杂的情境脉络，因此，课程探究绝不是纯粹的理论运思，而是复杂的实践探寻。

在实践理性看来，课程探究应该着力揭示和把握课程情境的复杂脉络。传统的科技理性是一种“求同”思维，强调剥离具体的情境脉络去建构普适性的抽象理论。在科技理性的宰制下，课程探究被看成是普适性、抽象性理论的移植与运用，完全忽视了具体的课程情境脉络的复杂性。西雄对此进行了深刻的分析，他指出，科技理性的基本假设是相信实际的问题可以有通用的解决办法，而且这些解决办法是可以推广和移植的，因此，科技理性倡导“研究—开发—应用”的技术模式。而实践理性恰恰相反，实践理性的假设是：复杂的实际问题需要特定的解决办法，这些解决办法只能在特定的情境中发展出来，并且这些解决办法不能任意地使用到其他的情境之中（陈向明，2000）[453]。总之，在实践理性看来，课程探究不是“理论移植”过程，而是“实践探寻”过程，因为具体的学校课程情境是复杂的，充满着不确定性、独特性和生成性，学校变革中的具体问题不可能简单地归结为某个理论框架，也不能奢望套用某种技术程序来一劳永逸地解决问题。课程探究应该将学校课程视作复杂的生命系统，并对其内在的复杂性、独特性展开深度的探寻。

实践理性的运用要求课程探究从传统的理论演绎转向实践倾听。为了把握课程情境的复杂性，我们必须学会倾听，也就是说，必须“能听懂我们日常生活范围以外的深层含义，能倾听世间各物对我们说的话”（范梅南，2003）[147]。一句话，倾听更重要的是听出不在场者之言说。

校本研究往往被界定为合作研究，但是，合作研究却往往遭遇形式化的尴尬，个中的原因之一是合作研究中理论工作者的角色“越位”。教育理论工作者往往以“专家”“权威”“指导者”的身份出场，在合作过程中习惯于“告诫”“指导”“灌输”，忽视作为平等合作之根基的“倾听”。在我看来，倾听是合作研究的重要支点，只有在倾听中，我们才能走进教师的心灵世界。

◎ 听本土概念

传统教育研究追求普适概念、抽象概念，以达到认识的统一性和研究结果的可推广性。但是，在解释学的视域中，任何概念都是与特定的语境相关联的，都饱含着概念使用者自身的情感、经验、阅历与社会实践。也就是说，真正有生命力的概念恰恰是那些打上了使用者主观烙印的本土概念。韩少功先生的名作《马桥词典》即揭示出处于特定时空语境下的马桥人如何在本土概念的言说中建构起他们对世界的真实理解。

同样，教师也生活在自己独特的意义世界中，用自己独特的概念框架来思考和把握身处其中的真实的教育世界。如，一位教师评课时说，

“这节课比较粗”，“粗”是他对课堂的独特理解，在他的心目中，“粗”到底是什么意义呢？我由此观察了他对另一节课的评论：“这节课活动较多，但训练的量不够大，层次不够明显。”由此我判断，一个“粗”字的背后体现着教师试图用训练意识来架构课堂的种种尝试。又如，我常常听教师说，课堂要发挥学生主体性，然而教师所理解的主体性又是怎样的内涵呢？

◎ 听教学思维

概念是思维的工具，概念背后体现出的是教师独特的思维方式。同一节课不同教师有不同的叙说话语，而不同的叙说隐含着不同的教学思维。如在《惊弓之鸟》的评课中，一位教师评课时说：“这节课教学重点突破不够，主要是没有形成整体意识，即前面部分没落实想象力培养，所以第9段难以突破。”另一位教师说：“教学中环节的过渡不够自然。”同样是关注整体效果，前者重视的是虚实（重点与非重点），后者重视的是承启。又如，教师说课，多数教师习惯于说教学程序，而很少说教学理念。这种见惯不怪的叙说背后到底体现着怎样的制度枷锁与教师的情感投射？

◎ 听教育观念

每个教师都有自己的教学信条，只不过有些是显性的，有些是隐性的。如，一位教师说：“这节课的主要问题是配合不好。”“配合不好”是什么意思？到底是学生不配合教师，还是教师不配合学生？在教师心目中，教师到底是怎样的角色？又如，一位校长向我讲述“小学生自控能力实验”的设想，我听出她关注的是“控制”而非“主动”，“控制”的背后又牵连着她怎样的生活经历？

由此可见，合作研究的实质应该是在倾诉与聆听中增进理解，有理解才有反思，有反思才有富于教育意义的“行动”。过去我们在合作研究中忽略的恰恰是对作为主体的教师的理解，我们往往武断地将自己命定为权威，然后以“指导”的心态对待教师，而不是以“理解”的心态看待科研，这种行动研究所造就的“行动”往往是机械行动、模仿行动与

简单行动，而不是真正意义上的反思行动。(我的教育随笔)

五、重建体验时间

现象学关注时间问题，认为人的存在只有在时间的维度才能得到充分的展开，这是因为时间性是人之存在的最本源的特征。这里需要区分时间与时间性的概念。时间可以分为主观的体验时间和客观的钟表时间，但是无论是体验时间还是钟表时间，都是源于人具有时间性。人可以无所作为，但是却不能不打发时间，时间的终结就是人的终结。海德格尔的著作《存在与时间》以及后期的《时间与存在》正反映出时间问题对理解人之生存的重要意义。“一切存在论问题的中心提法都植根于正确看出了的和正确解说了的时间现象以及它如何植根于这种时间现象。”（海德格尔，2006）[22]而时间同样也就成为现象学课程研究的一个重要主题。

现象学认为，本源性的时间是体验时间。海德格尔指出，本真的人与非本真的人的主要区别就是时间意义的差异。非本真的人受到机械的钟表时间的控制，而钟表时间是可量化、可测量的公共时间。“非本真的生存者不断丢失时间而从来‘没有’时间；而在决心中的本真生存从不丢失时间而‘总有时间’，这始终是本真生存的时间性的独特标志。”（海德格尔，2006）[463]

但是，科学与技术活动却建基于时间的抽象化、形式化，完全忽视人的体验性时间，从而也就远离了人的本真存在。柏格森指出，形式化的时间虽然带来了科学活动的可重复性，但是生命之中真正有价值、有意义的部分却是不可重复的。例如，机械重复、呆板单调的课程实施，表面看来就像一座钟表，精确地运行着预设的方案，但是这种教与学的过程可能并没有给学习者带来真正的意义。

只有进入时间的“绵延”，才能敞亮本真的生命之流（柏格森，2004）[36]。海德格尔同样将时间性看成是人的本源性特征。面对现代科技对时间与空间的不断压缩，海德格尔断言，这种科技手段并没有使我们和事物真正接近，相反，却是使我们离事物的本质越来越远。正如海德格尔（2005）[172]所言："时间和空间中的一切距离都在缩小。过去人们要以数周和数月的时间才能达到的地方，现在坐上飞机一夜之间就可以到了。早先人们要在数年之后才能了解到的或者根本就了解不到的事情，现在通过无线电随时就可以立即知道了。植物的萌芽和生长，原先完全在季节的轮换中遮蔽着，现在人们却可以通过电影在一分钟内把它展现出来。电影显示出各种最古老文化的那些遥远遗址，仿佛它们眼下就在今天的街道交通中。此外，电影同时展示出摄影机以及操作人员，由此还证实了它所展示的东西。电视机达到了对一切可能的遥远距离的消除过程的极顶。电视机很快就会渗透并且控制整个交往联系机关。""人类在最短时间内走过了最漫长的路程。人类把最大的距离抛在后面，从而以最小的距离把一切都带到自己面前。""不过这种对一切距离的匆忙消除并不带来任何切近；因为切近并不在于距离的微小。在路程上离我们最近的东西，通过电影的图像，通过收音机的声响，也可能离我们最远。在路程上十分疏远的东西，也可能离我们最近。小的距离并不就是切近。大的距离也还不是疏远。"

举例来说，我们通过技术手段使农作物在短时间内成熟，但是对时间的压缩却已经使农作物丧失了其品质。同样的道理，在学校教学中，我们总是注重结果，而忽略了过程所暗含的时间之绵延。只有进入时间，关注过程，人之存在的具体性、丰富性才能得到开显。叶秀山先生也指出，"事物自身"在时间的"绵延"中，文学艺术、哲学包括教育要想不使"时间缩水"，就要"参与"时间进程，"进入时间"。"进入时间"是接近事物本身的唯一方式，而不是在"时间—空间"之"外"把各种已被"分裂"了的"表象"再重新"组合—拼凑"起来，以为那才是"事物"的"本质"。殊不知，这种"本质"是"概念"的、"抽象"的（叶秀山，2006）。

本源性的时间具有"绽出"的本质，也就是说，本源性的时间绵延总是不可逆的、创造性的、生成性的、连续性的。海德格尔（2006）[414]指出，“将来、曾在状态与当前这些视野格式的统一奠基在时间性的绽出统一性之中”。例如，当冬去春来、万物复苏之际，我们总觉得春天还没有完全到来，“春天在哪里”反映出我们“觅春”的情态。而另一方面，当我们自以为真正感受到“春天”的时候，夏天就已经悄然地蛰伏其中了，于是我们又有了“一寸光阴一寸金”的“惜春”的遗憾。而我们正生活在“觅春”与“惜春”之间的“现在”，这一“现在”作为我们本源性的时间体验恰恰是不断“绽出”和“溢出”的。正是这种“绽出”和“溢出”的“现在”时间的本质才使我们人类的生活具有了无限的丰富性和创造性，也才使人之超越性的特征有了现实的依据。

与本源性时间相应，休伯纳和利皮茨（Lippitz）将“暂存性”（temporality）这一现象学概念作为课程探究的重要主题展开了详细的阐释。休伯纳指出，“现在”时间本质上是“暂存性”，课程要关注“现在”和“当下”，就应该将“暂存性”作为探究的对象。也就是说，人类生活的重心在于重视当下生活的意义与价值，因为“人类生活是由转化为当前的过去和未来组成的”。传统课程所强调的“生活准备说”恰恰是对“当下”生活的一种背离。荷兰学者朗赫菲尔德（Langeveld）则区分了儿童的时间观与成人的时间观的差异。他认为，儿童的时间是一种体验性时间，这种时间经验与钟表时间几乎没有任何关系。但是，在教育过程中，成人逐渐而又无情地把钟表时间的“卷尺”强加给儿童，儿童生活世界中的时间体验由此被缩减为钟表时间。朗赫菲尔德坚持认为，在生活世界中，儿童总是用多种多样的方式深刻地体验时间，将儿童本源性的时间体验缩减为钟表时间，这是对儿童存在体验的漠视（派纳 等，2003）[464]。

总之，在现象学看来，生活世界的时间是被体验的对象，而不是被计数的对象。正如在一节课中，每一个学生对40分钟课堂时间的感受都是不同的，如果课程探究仅仅只是关注外显的行为统计，那么研究就只能停留在机械钟表时间的层面，而不可能真正进入学生所真实体验的生活世界之中。

美国课程论学者古德莱德（Goodlad）提出的五种课程形态的主张能够更好地说明课程探究焦点的转移。古德莱德认为，课程在实际的运作过程中会不断地转化，从而形成不同的课程形态。他由此提出课程发展的“五层次设想”，即课程从最初的观念形态转变为课堂实际的运作，要经历“理想的课程”（课程观念等）、“正式的课程”（课程标准、教科书等）、“领悟的课程”（教师对课程材料的理解）、“执行的课程”（教师在课堂里的实际教学过程）和“经验的课程”（学生实际的收获）五个层面的转化（施良方，1996）[9]。古德莱德的分类告诉我们，国家层面的“正式课程”并不等同于教师“领悟的课程”和学生“经验的课程”。课程探究不能局限于对静态的文本展开研究，更要重视课程实践中教师与学生“当下”的理解和体验。简言之，课程探究要进入“教师的世界”和“学生的世界”。与此相应，课程内在的时间观念也要从钟表时间转向体验时间。

课程不是由钟表时间控制的计划与实施过程，而是一段精神的旅程。课程作为钟表时间，意味着学期开始就是课程的起点，学期结束就是课程的终点，在开学与期末之间，课程的实施无非就是执行预设的教学日历。哪一天该上什么内容，这些是早在教学计划和教学日历中已经规定好的。这种课程的实践表面看起来有条不紊、逻辑严密，然而它离师生的生活世界却最遥远，也最缺乏生命的活力。

课程作为一段精神的旅程，它的起点不是钟表时间意义上的起点，而是学生的兴趣与需求，课程的终点也不是教学日历上面的期末复习与备考，而是学生能够达到的学习深度。作为教师，我们不仅要关注钟表时间意义上的新学期之“开始”，更需要关注体验时间意义上的学生真实的需要与兴趣。

在《儿童科学教育》课程的开课之始，我一直在思考：作为文科的学生，他们对科学教育的兴趣在哪里？他们对科学的理解有怎样的困惑？课程的起点是从第一份科学作业“物质科学的趣味实验”开始。通过阅读学生设计的作业计划，我感觉到学生对科学教育存在两个误解与误读。第一，不少学生将科学教育理解为科普，以为作业就是讲述科学的原理，而忽视科学是一个探究的过程；第二，学生的选题往往关注“高大上”，却忽视了生活中真实的科学问题。于是，我提出以“生活中的科学”和“行动中的科学”作为课程的主题。在一学期的共同探讨和交流中，我看到了学生的真实成长，那就是从传统的“教科学”转变为“做科学”。然而，这一转变其实是十分艰难的，在此过程中，我需要不断面对学生的种种困惑，需要在学生情绪低落时为他们鼓气和点赞，更需要面对很多难以预料的问题。有一个学生在课程结束之后写了一段感言：最漫长的时间是科学教育课程，因为我们为此投入了很多业余的时间；最短暂的也是科学教育课程，因为每一次作业分享，都让人回味无穷。

课程作为精神的旅程，需要深入到师生的精神世界之中。在这一段精神之旅中，有困惑，有焦虑，有挫折，但同时也有喜悦，有进步，有感悟。酸甜苦辣、喜怒哀乐、山穷水复、柳暗花明……尽在课程的精神旅程中。课程是师生共同书写的成长传记，也是师生生命体验的真实旅程。(我的教育随笔)

参考文献

中文文献

爱德华兹，甘第尼，福尔曼，2006. 儿童的一百种语言［M］. 罗雅芬，连英式，金乃琪，译. 南京：南京师范大学出版社.
埃利斯，2005. 课程理论及其实践范例［M］. 张文军，译. 北京：教育科学出版社.
爱因斯坦，1976. 爱因斯坦文集（第一卷）［M］. 许良因，范岱年，译. 北京：商务印书馆.
奥伊肯，2002. 新人生哲学要义［M］. 张源，贾安伦，译. 北京：中国城市出版社.
巴雷特，1995. 非理性的人：存在主义哲学研究［M］. 杨照明，艾平，译. 北京：商务印书馆.
鲍曼，2002. 现代性与大屠杀［M］. 杨渝东，史建华，译. 南京：译林出版社.
鲍曼，2003. 现代性与矛盾性［M］. 邵迎生，译. 北京：商务印书馆.
包素茵，2003. 渗透生命意识的主题教学［J］. 杭州师范学院学报（自然科学版）（11）.
北京大学哲学系外国哲学史教研室，1981. 西方哲学原著选读（上卷）［M］. 北京：商务印书馆.
本尼迪克特，1990. 菊与刀［M］. 吕万和，等译. 北京：商务印书馆.
比恩，2003. 课程统整［M］. 单文经，等译. 上海：华东师范大学出版社.
柏格森，2004. 创造进化论［M］. 姜志辉，译. 北京：商务印书馆.
柏拉图，1986. 理想国［M］. 郭斌和，张竹明，译. 北京：商务印书馆.
波普尔，1987. 客观知识：一个进化论的研究［M］. 舒炜光，卓如飞，周柏乔，等译. 上海：上海译文出版社.
布鲁纳，1982. 教育过程［M］. 邵瑞珍，译. 北京：文化教育出版社.
布鲁纳，1989. 布鲁纳教育论著选［M］. 邵瑞珍，张渭城，等译. 北京：人民教育出版社.
查尔斯·泰勒，2001. 现代性之隐忧［M］. 程炼，译. 北京：中央编译出版社.
陈立胜，2002. 身体：作为一种思维的范式［J］. 东方论坛（2）：12–20.
陈向明，2000. 质的研究方法与社会科学研究［M］. 北京：教育科学出版社.
陈升飞，2002. 自传文本的课程论述与批判［J］. 台湾：教育研究集刊（9）：211–

236.
陈亚军，2006. 杜威心灵哲学的意义和效应 [J]. 复旦学报（社会科学版）(1)：42-48.
陈寅恪，2001. 陈寅恪集·金明馆丛稿二编 [M]. 北京：生活·读书·新知三联书店.
程民治，2002. 爱因斯坦的科学美学思想探析 [J]. 安徽师范大学学报（社会科学版）(9)：550-554.
德勒兹，2001. 尼采与哲学 [M]. 周颖，刘玉宇，译. 北京：社会科学文献出版社.
迪尔凯姆，1995. 社会学方法的准则 [M]. 狄玉明，译. 北京：商务印书馆.
狄金森，2006. 希腊的生活观 [M]. 彭基相，译. 上海：华东师范大学出版社.
杜瑞芝，2000. 数学史辞典 [M]. 济南：山东教育出版社.
杜小真，2002. 存在和自由的重负 [M]. 济南：山东人民出版社.
杜威，1958. 哲学的改造 [M]. 许崇清，译. 北京：商务印书馆.
杜威，1981. 杜威教育论著选 [M]. 赵祥麟，王承绪，编译. 上海：华东师范大学出版社.
杜威，1990. 民主主义与教育 [M]. 王承绪，译. 北京：人民教育出版社.
杜威，1991. 我们怎样思维·经验与教育 [M]. 姜文闵，译. 北京：人民教育出版社.
杜威，1994. 学校与社会·明日之学校 [M]. 赵祥麟，等译. 北京：人民教育出版社.
杜威，2005. 确定性的寻求：关于知行关系的研究 [M]. 傅统先，译. 上海：上海世纪出版集团.
杜威，2006. 人的问题 [M]. 傅统先，译. 上海：上海世纪出版集团.
多尔，2000. 后现代课程观 [M]. 王红宇，译. 北京：教育科学出版社.
多尔，等，2004. 课程愿景 [M]. 张文军，张华，余洁，等译. 北京：教育科学出版社.
恩格斯，1974. 致威纳尔·桑巴特 [M] //马克思，恩格斯. 马克思恩格斯全集：第39卷（上册）. 北京：人民出版社.
恩格斯，1995. 路德维希·费尔巴哈和德国古典哲学的终结 [M] //马克思，恩格斯. 马克思恩格斯选集：第4卷. 北京：人民出版社.
范梅南，2001. 教学机智：教育智慧的意蕴 [M]. 李树英，译. 北京：教育科学出版社.
范梅南，2003. 生活体验研究 [M]. 宋广文，等译. 北京：教育科学出版社.
费尔巴哈，1984. 费尔巴哈哲学著作选集（上卷）[M]. 荣震华，李金山，等译. 北京：商务印书馆.
费耶阿本德，2002. 告别理性 [M]. 陈健，等译. 南京：江苏人民出版社.
冯契，1995. 智慧的探索 [J]. 学术月刊 (6)：3-23.
冯友兰，1996. 新原人 [M] //刘梦溪. 中国现代学术经典·冯友兰卷. 石家庄：河北教育出版社.
傅道春，1999. 教育学：情境与原理 [M]. 北京：教育科学出版社.

福柯，2003. 知识考古学［M］. 谢强，马月，译. 北京：生活·读书·新知三联书店.
富兰，2000. 变革的力量：透视教育改革［M］. 中央教育科学研究所，译. 北京：教育科学出版社.
弗罗姆，1988. 占有还是生存：一个新社会的精神基础［M］. 关山，译. 北京：生活·读书·新知三联书店.
弗罗姆，2003. 健全的社会［M］. 蒋重跃，等译. 北京：国际文化出版公司.
高清海，2001. "人"的双重生命：种生命与类生命［J］. 江海学刊（1）：77-82.
高文武，2005. 以美启真双向互动：简析杨振宁的科学美思想［J］. 哲学研究（10）：118-124.
格里芬，2004. 后现代科学：科学魅力的再现［M］. 马季方，译. 北京：中央编译出版社.
格斯特维奇，2011. 发展适宜性实践：早期教育课程与发展［M］. 霍力岩，等译. 北京：教育科学出版社.
古德曼，2005. 全语言的全　全在哪里［M］. 南京：南京师范大学出版社.
管建华，2006. 普通学校音乐学科教育学与音乐现象学教育学［J］. 中国音乐（1）：1-15.
郭贵春，2007. 科学隐喻的转向［J］. 山西大学学报（哲学社会科学版）（3）：1-7.
郭晓明，2004. 知识的意义性与"知识获得"的新标准［J］. 华东师范大学学报（教育科学版）（2）：14-21.
哈贝马斯，1989. 交往与社会进化［M］. 张博树，译. 重庆：重庆出版社.
哈贝马斯，1999. 认识与兴趣［M］. 郭官义，李黎，译. 上海：学林出版社.
哈贝马斯，2002. 包容他者［M］. 曹卫东，译. 上海：上海人民出版社.
哈贝马斯，2005. 对话伦理学与真理的问题［M］. 沈清楷，译. 北京：中国人民大学出版社.
哈里斯，1994. 科学与人［M］. 商梓书，江先声，译. 北京：商务印书馆.
哈耶克，1997. 自由秩序原理［M］. 邓正来，译. 北京：生活·读书·新知三联书店.
海德格尔，1990. 诗·语言·思［M］. 彭富春，译. 北京：文化艺术出版社.
海德格尔，1996a. 形而上学导论［M］. 熊伟，王庆节，译 . 北京：商务印书馆.
海德格尔，1996b. 海德格尔选集［M］. 孙周兴，译. 北京：生活·读书·新知三联书店.
海德格尔，1999. 面向思的事情［M］. 陈小文，孙周兴，译. 北京：商务印书馆.
海德格尔，2000. 路标［M］. 孙周兴，译. 北京：商务印书馆.
海德格尔，2004a. 林中路［M］. 孙周兴，译. 上海：上海译文出版社.
海德格尔，2004b. 在通向语言的途中［M］. 孙周兴，译. 北京：商务印书馆.
海德格尔，2005. 演讲与论文集［M］. 孙周兴，译. 北京：生活·读书·新知三联书店.

海德格尔，2006. 存在与时间［M］. 陈嘉映，王庆节，译. 北京：生活·读书·新知三联书店.
海德格尔，2010. 尼采［M］. 孙周兴，译. 北京：商务印书馆.
赫尔巴特，2002. 普通教育学［M］. 李其龙，译. 杭州：浙江教育出版社.
荷尔德林，1999. 荷尔德林文集［M］. 戴晖，译. 北京：商务印书馆.
贺麟，2002. 五十年来的中国哲学［M］. 北京：商务印书馆.
赫舍尔，1994. 人是谁［M］. 隗仁莲，译. 贵阳：贵州人民出版社.
洪汉鼎，2001. 诠释学：它的历史和当代发展［M］. 北京：人民出版社.
洪汉鼎，2001. 理解与解释［M］. 北京：东方出版社.
洪谦，1989. 逻辑经验主义［M］. 北京：商务印书馆.
侯传文，2005. 泰戈尔论诗歌［J］. 外国文学研究（5）：139-145.
胡建，1998. 追求“至善”：幸福与道德的匹配一致：古希腊社会文化价值目标的演进［J］. 复旦学报（社会科学版）（2）：57-62.
胡全生，2002. 英美后现代主义小说叙事结构研究［M］. 上海：复旦大学出版社.
胡塞尔，2002. 生活世界现象学［M］. 倪梁康，张延国，译. 上海：上海译文出版社.
胡塞尔，2005. 欧洲科学危机和超验现象学［M］. 张庆熊，译. 上海：上海译文出版社.
胡适，1981. 胡适哲学思想资料选（上）［M］. 上海：华东师范大学出版社.
怀特，1981. 分析的时代：20 世纪的哲学家［M］. 杜任之，主译. 2 版. 北京：商务印书馆.
怀特海，2002. 教育的目的［M］. 徐汝舟，译. 北京：生活·读书·新知三联书店.
怀特海，2003. 过程与实在［M］. 杨富斌，译. 北京：中国城市出版社.
霍金，2004. 时间简史［M］. 许明贤，吴忠超，译. 长沙：湖南科学技术出版社.
霍克海默，阿道尔诺，2006. 启蒙辩证法［M］. 渠敬东，曹卫东，译. 上海：上海世纪出版集团.
吉登斯，2000. 现代性的后果［M］. 田禾，译. 南京：译林出版社.
吉尔兹，2004. 地方性知识［M］. 王海龙，张家宣，译. 北京：中央编译出版社.
基切尔，2015. 科学、真理与民主［M］. 胡志强，高懿，等译. 上海：上海交通大学出版社.
伽达默尔，1988. 科学时代的理性［M］. 薛华，高地，李河，等译. 北京：国际文化出版公司.
伽达默尔，1994. 哲学解释学［M］. 夏镇平，宋建平，译. 上海：上海译文出版社.
伽达默尔，2004. 真理与方法（上卷）［M］. 洪汉鼎，译. 上海：上海译文出版社.
贾可春，2005. 罗素意义理论研究［M］. 北京：商务印书馆.
江山野，1991. 简明国际教育百科全书·课程［M］. 北京：教育科学出版社.
杰姆逊，1986. 后现代主义与文化理论［M］. 唐小兵，译. 西安：陕西师范大学出版社.
金岳霖，1987. 论道［M］. 北京：商务印书馆.
金吾伦，2003. 百年科学伦理的演进与当前的论争［J］. 求是（22）：48-50.
卡拉普赖斯，2001. 爱因斯坦语录［M］. 仲维光，还学文，译. 杭州：杭州出版社.
卡特赖特，2006. 斑杂的世界：科学边界的研究［M］. 上海：上海世纪出版集团.
卡西尔，1988. 符号·神话·文化［M］. 李小兵，译. 北京：东方出版社.
卡西尔，2004. 人论［M］. 甘阳，译. 上海：上海译文出版社.
康德，2001. 论优美感和崇高感［M］. 何兆武，译. 北京：商务印书馆.
康奈利，克兰迪宁，2004. 教师成为课程研究者：经验叙事［M］. 刘良华，邝红军，等译. 杭州：浙江教育出版社.
克拉夫特，1999. 维也纳学派［M］. 李步楼，陈维杭，译. 北京：商务印书馆.
科瑟，1990. 社会学思想名家［M］. 石人，译. 北京：中国社会科学出版社.
库恩，2003. 科学革命的结构［M］. 金吾伦，胡新和，译. 北京：北京大学出版社.
夸美纽斯，1984. 大教学论［M］. 傅任敢，译. 北京：人民教育出版社.
昆德拉，2003. 慢［M］. 马振骋，译. 上海：上海译文出版社.
昆德拉，2004. 小说的艺术［M］. 董强，译. 上海：上海译文出版社.
拉鲁，2010. 不平等的童年［M］. 张旭，译. 北京：北京大学出版社.
拉图尔，2005. 科学在行动：怎样在社会中跟随科学家和工程师［M］. 刘文旋，郑开，译. 北京：东方出版社.
赖欣巴哈，1983. 科学哲学的兴起［M］. 伯尼，译. 北京：商务印书馆.
劳斯，2010. 涉入科学：如何从哲学上理解科学实践［M］. 戴建平，译. 苏州：苏州大学出版社.
劳斯，2004. 知识与权力［M］. 盛晓明，译. 北京：北京大学出版社.
利奥塔，1997. 后现代状况［M］. 车槿山，译. 北京：生活·读书·新知三联书店.
李高峰，2005. 北师大"新世纪"（版）初中《生物学》教材中的生命伦理教育［J］. 生物学教学（9）：12-14.
李醒民，1980. 彭加勒科学方法论的特色［J］. 科学与哲学（5）：37-44.
李子建，黄显华，1994. 课程：范式、取向和设计［M］. 香港：香港中文大学出版社.
联合国教科文组织，1996a. 学会生存［M］. 华东师范大学比较教育研究所，译. 北京：教育科学出版社.
联合国教科文组织，1996b. 教育：财富蕴藏其中［M］. 联合国教科文组织总部中文科，译. 北京：教育科学出版社.
梁贯成，2001. 中国传统的数学观和教育观对新世纪数学教育的启示［J］. 数学教育学报（10）：5-7.
廖哲勋，1991. 课程学［M］. 武汉：华中师范大学出版社.
林智中，陈健生，2006. 课程组织［M］. 北京：教育科学出版社.

刘北成，1995. 福柯思想肖像［M］. 北京：北京师范大学出版社.
刘大椿，2009. 隐喻何以成为科学的工具［J］. 西北师大学报（社会科学版）（4）：1-5.
刘小枫，1986. 诗化哲学［M］. 济南：山东文艺出版社.
鲁洁，2004. 教材应是能与儿童对话的文本［J］. 河南教育（6）：1.
鲁洁，2005. 一个值得反思的教育信条：塑造知识人［J］. 教书育人（7）：3-7.
卢梭，2001. 爱弥儿［M］. 李平沤，译. 北京：人民教育出版社.
卢炜，2004. 马克思对“人的价值”之类命题的批判［J］. 上海交通大学学报（哲学社会科学版）（6）：57-68.
洛克，1985. 教育漫话［M］. 傅任敢，译. 北京：教育科学出版社.
罗珉，2003. 管理理论的新发展［M］. 成都：西南财经大学出版社.
罗荣渠，1997. 现代化新论续篇［M］. 北京：北京大学出版社.
罗素，1963. 西方哲学史（上卷）［M］. 何兆武，李约瑟，译. 北京：商务印书馆.
罗素，1982. 宗教与科学［M］. 徐奕春，林国夫，译. 北京：商务印书馆.
罗素，1999. 教育与美好生活［M］. 杨汉麟，译. 石家庄：河北人民出版社.
马尔凯，2001. 科学与知识社会学［M］. 林聚任，译. 北京：东方出版社.
马尔库塞，2006. 单向度的人［M］. 刘继，译. 上海：上海译文出版社.
马克思，1972. 资本论［M］//马克思，恩格斯. 马克思恩格斯全集：第 23 卷. 北京：人民出版社.
马克思，恩格斯，1995. 德意志意识形态［M］//马克思，恩格斯. 马克思恩格斯选集：第 1 卷. 北京：人民出版社.
马利坦，1991. 艺术与诗中的创造性直觉［M］. 刘有元，罗选民，译. 北京：生活·读书·新知三联书店.
马斯洛，1987. 存在心理学探索［M］. 李文恬，译. 昆明：云南人民出版社.
马勇军，2006. 国外对科学教材中融入科学史的研究评介［J］. 外国中小学教育（1）：35-42.
曼海姆，2000. 意识形态与乌托邦［M］. 黎鸣，李书崇，译. 北京：商务印书馆.
梅洛-庞蒂，2005. 知觉现象学［M］. 姜志辉，译. 北京：商务印书馆.
梅尔茨，1999. 十九世纪欧洲思想史（第一卷）［M］. 周昌忠，译. 北京：商务印书馆.
孟凡玉，2001. 20 世纪美国课程改革与音乐教育的发展［J］. 中国音乐学（2）：95-104.
蒙培元，2002. 情感与理性［M］. 北京：中国社会科学出版社.
米山国藏，1986. 数学的精神、思想和方法［M］. 毛正中，吴素华，译 . 成都：四川教育出版社.
米亚拉雷，等，1991. 教育科学导论［M］. 思穗，马兰，译. 北京：教育科学出版社.

默顿，2006. 社会理论和社会结构［M］. 唐少杰，齐心，等译. 南京：译林出版社.
莫兰，2001. 复杂思想：自觉的科学［M］. 陈一壮，译. 北京：北京大学出版社.
莫兰，2002. 方法：思想观念［M］. 秦海鹰，译. 北京：北京大学出版社.
莫兰，2004. 复杂性理论与教育问题［M］. 陈一壮，译. 北京：北京大学出版社.
莫诺，1977. 偶然性与必然性［M］. 上海外国自然科学哲学著作编译组，译. 上海：上海人民出版社.
尼采，1991. 权力意志［M］. 张念东，凌素心，译. 北京：商务印书馆.
尼采，2009. 查拉斯图拉如是说［M］. 孙周兴，译. 上海：上海人民出版社.
尼采，2007. 快乐的科学［M］. 黄明嘉，译. 上海：华东师范大学出版社.
倪梁康，1994. 生存危机与哲学的责任［J］. 香港：二十一世纪（2）：70-75.
倪梁康，2005. "伦常明察"：舍勒现象学伦理学的方法支持［J］. 哲学研究（1）：57-66.
诺丁斯，2003. 学会关心：教育的另一种模式［M］. 于天龙，译. 北京：教育科学出版社.
区结成，2005. 当中医遇上西医［M］. 北京：生活·读书·新知三联书店.
帕齐·希利，2008. 通过辩论做规划：规划理论中的交往转向［J］. 国际城市规划（3）：5-14.
派纳，雷诺兹，斯莱特里，等，2003. 理解课程［M］. 张华，等译. 北京：教育科学出版社.
派纳，2008. 课程：走向新的身份［M］. 陈时见，潘康明，等译. 北京：教育科学出版社.
彭加勒，1988. 科学的价值［M］. 李醒民，译. 北京：光明日报出版社.
皮尔逊，1999. 科学的规范［M］. 李醒民，译. 北京：华夏出版社.
皮克林，2006. 作为实践和文化的科学［M］. 柯文，伊梅，译. 北京：中国人民大学出版社.
普林，2008. 教育研究的哲学［M］. 李伟，译. 北京：北京师范大学出版社.
普特南，2006. 事实与价值二分法的崩溃［M］. 应奇，译. 北京：东方出版社.
钱德拉塞卡，1998. 莎士比亚、牛顿和贝多芬：不同的创造模式［M］. 杨建邺，王晓明，等译. 长沙：湖南科技出版社.
瞿葆奎，1993. 教育学文集·课程与教材（下）［M］. 北京：人民教育出版社.
全增嘏，1985. 西方哲学史（下册）［M］. 上海：上海人民出版社.
荣格，2001. 未发现的自我［M］. 张敦福，赵蕾，译. 北京：国际文化出版公司.
萨特，1998. 萨特哲学论文集［M］. 潘培庆，汤庆宽，魏金声，等译. 合肥：安徽文艺出版社.
绍伊博尔德，1993. 海德格尔分析新时代的技术［M］. 宋祖良，译. 北京：中国社会科学出版社.

圣严法师，2006. 禅的世界［M］. 北京：生活·读书·新知三联书店.
石里克，1997. 伦理学问题［M］. 张国珍，赵又春，译. 北京：商务印书馆.
施良方，1996. 课程理论：课程的基础、原理与问题［M］. 北京：教育科学出版社.
石中英，2002. 教育哲学导论［M］. 北京：北京师范大学出版社.
石子政，2004. 入侵何以称"事变"?［N］. 文汇报，2004-12-26.
斯宾塞，1997. 斯宾塞教育论著选［M］. 胡毅，王承绪，译. 北京：人民教育出版社.
斯诺，1994. 两种文化［M］. 纪树立，译. 北京：生活·读书·新知三联书店.
斯腾豪斯，1989. 课程研究与课程编制入门［M］. 诸平，孙蕾，沈阳，等译. 北京：春秋出版社.
史密斯，2001. 全球化与后现代教育学［M］. 郭洋生，译. 北京：教育科学出版社.
苏霍姆林斯基，1981. 把整个心灵献给孩子［M］. 唐其慈，毕淑芝，赵玮，译. 天津：天津人民出版社.
孙立平，2003. 断裂：20世纪90年代以来的中国社会［M］. 北京：社会科学文献出版社.
孙周兴，2004. 为什么我们需要一种低沉的情绪?：海德格尔对哲学基本情绪的存在历史分析［J］. 江苏社会科学（6）：7-13.
孙周兴，2006. 我们如何得体地描述生活世界：早期海德格尔与意向性问题［J］. 学术月刊（6）：53-56.
泰勒，1994. 课程与教学的基本原理［M］. 施良方，译. 北京：人民教育出版社.
特拉赫坦贝尔，1985. 西欧中世纪哲学史纲［M］. 于汤山，译. 北京：中国对外翻译出版公司.
汪安圣，1992. 认知心理学［M］. 北京：北京大学出版社.
汪丁丁，1995. 怀着乡愁，寻找家园［J］. 读书（4）：10-15.
王丰龙，刘云刚，陈倩敏，等，2012. 范式沉浮：百年来西方城市规划理论体系的建构［J］. 国际城市规划（1）：75-83.
王健，1997. 论人生观的历史类型及其对幸福的理解［J］. 道德与文明（2）：23-27.
王鉴，2001. 近年来西方多元文化课程与教学研究简论［J］. 西北师大学报（社会科学版）（9）：50-54.
王民，2001. 中学地理教科书叙述方式介绍与探讨［J］. 课程·教材·教法（8）：8-10.
王治河，1998. 扑朔迷离的游戏：后现代哲学思潮研究［M］. 北京：社会科学文献出版社.
韦伯，2005. 新教伦理与资本主义精神［M］. 彭强，黄晓京，译. 西安：陕西师范大学出版社.
魏德东，1998. 论佛教唯识学的转识成智［J］. 世界宗教研究（4）：59-68.
维特根斯坦，1996a. 逻辑哲学论［M］. 贺绍甲，译. 北京：商务印书馆.

维特根斯坦，1996b. 哲学研究［M］. 李步楼，译. 北京：商务印书馆.
韦政通，2005. 伦理思想的突破［M］. 北京：中国人民大学出版社.
温儒敏，2010. 温儒敏论语文教育［M］. 北京：北京大学出版社.
吴康宁，2000. 知识的控制与分等：课程结构的社会学释义［J］. 教育理论与实践（11）：24-25.
吴群，2006. 童话，为什么离儿童越来越远［J］. 湖南教育（2）：13-14.
吴淑凤，2004. 多元视野中幸福理论及其对主观生活质量研究的现实意义［J］. 武汉大学学报（哲学社会科学版）（5）：588-593.
吴文俊，1993. 我对改革数学教育的看法［J］. 课程·教材·教法（7）：11.
谢有顺，2002. 话语的德性·文体身体学［M］. 海口：海南出版社.
熊丙章，刘丽颖，2005. 美国整体数学教材的几个特点及启示［J］. 数学通报（5）：31-34.
熊伟，1997. 存在主义哲学资料选辑（上）［M］. 北京：商务印书馆.
亚里士多德，1959. 形而上学［M］. 吴寿彭，译. 北京：商务印书馆.
亚里士多德，2003. 尼各马科伦理学［M］. 苗力田，译. 北京：中国人民大学出版社.
雅斯贝尔斯，1988. 智慧之路［M］. 柯锦华，范进，译. 北京：中国国际广播出版社.
雅斯贝尔斯，1991. 什么是教育［M］. 邹进，译. 北京：生活·读书·新知三联书店.
雅斯贝尔斯，2005a. 生存哲学［M］. 王玖兴，译. 上海：上海译文出版社.
雅斯贝尔斯，2005b. 时代的精神状况［M］. 王德峰，译. 上海：上海译文出版社.
杨广军，2003. 加拿大《科学》教材版面设计与编排特点述评［J］. 课程·教材·教法（1）：76-78.
杨广军，2006. 差异与均衡：美国典型高中物理教材设计特点分析［J］. 外国中小学教育（4）：38-41.
杨国赐，1986. 现代教育思潮［M］. 台北：黎明文化世界股份有限公司.
杨振宁，1988. 美和理论物理学［J］. 自然辩证法通讯（1）：1-7.
姚斯，霍拉勃，1987. 接受美学与接受理论［M］. 周宁，金元浦，译. 沈阳：辽宁人民出版社.
叶秀山，2006. “进入”“时间”是“接近事物本身”的唯一方式［J］. 学术月刊（1）：34-36.
叶圣陶，1993. 叶圣陶集：第 15 卷［M］. 南京：江苏教育出版社.
殷杰，2006. 语境主义世界观的特征［J］. 哲学研究（5）：94-99.
于坚，2005. 诗言志［J］. 云南师范大学学报（哲学社会科学版）（1）：66-75.
俞吾金，2004a. 从传统知识论到生存实践论［J］. 文史哲（2）：12-13.
俞吾金，2004b. 物、价值、时间和自由：马克思哲学体系核心概念探析［J］. 哲学研究（11）：3-10.
于友西，等，2000. 历史学科教育学［M］. 北京：首都师范大学出版社.

詹姆士，1979. 实用主义［M］. 陈羽纶，孙瑞禾，译. 北京：商务印书馆.
赵汀阳，1999. 知识论之后［J］. 读书（8）：78-87.
赵汀阳，2004. 论可能生活［M］. 北京：中国人民大学出版社.
赵澧，徐京安，1987. 唯美主义［M］. 北京：中国人民大学出版社.
张华，2016. 论核心素养的内涵［J］. 全球教育展望（4）：10-24.
张世英，1999. 进入澄明之境：哲学的新方向［M］. 北京：商务印书馆.
张顺燕，1997. 数学的思想、方法和应用［M］. 北京：北京大学出版社.
张再林，2002. 智的本体论与爱的本体论［J］. 陕西师范大学学报（哲学社会科学版）（2）：42-50.
郑金洲，2000. 教育文化学［M］. 北京：人民教育出版社.
郑新蓉，2004. 多元文化视野中的课程与教材建设［J］. 教育研究与实验（2）：26-29.
中国大百科全书总编辑委员会，1985. 中国大百科全书・教育卷［M］. 北京：中国大百科全书出版社.
筑波大学教育学研究会，2003. 现代教育学基础［M］. 钟启泉，译. 上海：上海教育出版社.
朱光潜，2006. 谈美［M］. 合肥：安徽教育出版社.
朱哲，2005. 数学史：数学文化的一种载体［J］. 中学数学杂志（3）：1-4.
邹进，1992. 现代德国文化教育学［M］. 太原：山西教育出版社.
邹静之，1997. 女儿的作业［J］. 北京文学（11）：4-6.

英文文献

APPLE M W，1990. Ideology and curriculum［M］. N. Y.：Routledge.
BLENKIN G M，et al.，1992. Change and the curriculum［M］. London：Paul Chapman Publishing Ltd.
MANSFIELD J，2005. The global musical subject，curriculum and Heidegger's questioning concerning technology［J］. Educational Philosophy & Theory，37（1）：133-148.
LINES D，2005. "Working With" Music：A Heideggerian perspective of music education［J］. Educational Philosophy & Theory，37（1）：65-75.
PINAR，1972. Working from within［J］. Educational leadership（4）：329-331.
SPIVAK G C，1990. The post-colonial critic：interviews，strategies，dialogues［M］. London：Routledge.
SCHUBERT W H，1986. Curriculum：perspective，paradigm and possibility［M］. New

York：Macmillan Publishing Company.

WILES J，et al.，1989. Curriculum development：a guide to practice［M］. New York：Merrill.

索　　引

T

W

X

Y

Z

后 记

博士论文的修订终于可以定稿了，对我来说，这本书的写作负载着厚重的情感与回忆。

我的论文主要从课程哲学的层面来审视教育问题，并以当代哲学家海德格尔的思想作为主要的理论资源。这一选题的方向不仅仅是出于学术上的考虑，同时也是个人研究兴趣与人生思考的体现。记得在大学本科阶段，我便在学校图书馆借阅了很多西方哲学史方面的著作，当时只是兴趣所致，并没有想到去做与教育哲学相关的思考或研究。也许，正因为仅仅是兴趣，所以阅读时反而没有压力，只是根据自己兴趣的变化进行选择性的阅读。本科四年下来，居然对西方哲学的主要思想家已有了不少的了解，对哲学思考的兴趣也在无意间积淀下来。

读研之后，我的硕士导师廖哲勋教授引导我将哲学思考与课程研究结合起来。我至今仍然清晰地记得，当时恩师指导我阅读了大量与课程哲学有关的经典文献，其中由瞿葆奎先生主编的教育学文集中的若干经典论文，例如布劳迪论知识的类型与教育目的、费尼克斯论意义的领域、索尔蒂斯与赫斯特的争论等，都是我们课堂讨论的热点话题。郭元祥教授讲授的《课程哲学》，更是让我对课程问题的哲学思考产生了浓厚的兴趣。

博士期间，我选择了教育学原理专业，并主要从课程哲学层面来展开研究。在华东师大读博的三年，也是我与海德格尔哲学深深结缘的三年。初识海德格尔哲学，其实是源于张世英先生的一本书《进入澄明之境——哲学的新方向》。在这本书里，张先生对以海德格尔为代表的西方现当代哲学给予了高度评价，并结合中国古代哲学和中国古典诗歌进行了深度诠释。张先生的书深入浅出，我反复阅读多遍，书本中也记满了密密麻麻的笔记。在阅读中，我不仅感受到了海德格尔哲学的力量，而且也意识到海德格尔哲学思想对当代教育改革的重要意义。恰在此时，我又读到美国知名教育家诺丁斯的著作《学会关心——教育的另一种模式》，诺丁斯教授从海德格尔哲学中汲取理论资源，建构了极有影响力的关怀伦理学体系，这更坚定了我的信念，于是便开始有计划地去阅读海德格尔的哲学原著。

刘小枫教授曾经说过："对哲学有热情的，大多难免会热爱上一阵子海德格尔。"我对此有深刻的感受，在大量阅读海德格尔原著的过程中，我感受到了这位哲学巨匠的思想光芒。社会学家米尔斯在《社会学的想象力》一书中曾经指出，具有社会学想象力的人能够看清更广阔的历史舞台，同样，在海德格尔的哲学中，我也感受到了哲学思想的巨大想象力，这是推动我坚持阅读海德格尔哲学原著的主要动力。

然而海德格尔思想的幽深晦涩也常常使我深感山重水复、水复山重。从论文的选题到提纲的拟订，我徘徊了数月，提纲更是修改了数次。在那段日子里，我生平第一次深切地感受到思想上的痛苦煎熬。论文写作过程中，我又一直在哲学的视野和教育学的立场之间不断地调适与转换，这个过程同样充满了巨大的挑战。正如海德格尔在《林中路》的扉页所言："林中有路。这些路多半突然断绝在杳无人迹处。"本书写作的过程也让我体悟到了在"杳无人迹处"去探索和思考的艰难历程。

论文的写作离不开导师郑金洲教授的支持和指导。在每一次的交谈中，郑老师总是认真地聆听我的想法，始终以宽容的心态对待我的选题和写作。他的鼓励和指导是我的论文得以完成的关键。郑老师不仅是我学术上的导师，也是我生活中的楷模，每次见面或电话交谈，他总是不忘询问我的家庭和工作情况，从他那里，我体悟到了什么是真正的以诚待人和以礼待人。

我为自己能够成为华东师大的学子而深感自豪，在这里我有幸聆听了教育学系瞿葆奎教授、叶澜教授、陆有铨教授、杨小微教授等许多学者的教诲，叶老师的课沉稳深邃、陆老师的课幽默风趣、杨老师的课宽松热烈……诸位先生思想之敏锐、为人之质朴、治学之严谨，都让我万分景仰。

论文写作期间，我也有幸收获了深厚的友谊。在每周的学术星期三活动中，我总会与同门学友余维武、程亮、李冲锋、朱丽、刘耀明等同学展开热烈的讨论，这些讨论不仅是我写作灵感的重要来源，也是我们同学情谊的鲜活见证。

写作不仅是思想的流露，在我看来，写作也应该是个人生活实践的折射。我相信，唯有知行合一，写出来的东西才会有强大的信服力。在本书中，我附加了很多自己的教育随笔，这些随笔也反映了我将文中提出的观点转化为自身教育实践的努力。

最后，感谢本书责任编辑张璞老师的辛勤付出，在本书修改过程中，张老师总是积极与我联系，及时将审稿意见反馈给我，并提出了很多中肯的建议，在此表示衷心的谢意！

苏　鸿

2017 年 6 月 18 日